中公文庫

ここに住みたい

堀内誠一

中央公論新社

目次

イタリア

食はシチリア、味は天下の美少年　9

豪奢にして、人間的な、イタリアの都市デザイン　20

〈column〉芸術をつくろうとしないコト　31

オーストラリア

周囲5マイル半のローストビーフ　37

中国

中国訪見　53

メキシコ

メキシコのおもちゃをたずねて　81

〈column〉ダリ美術館テアトロ・ミュゼオを見る　92

フランス　気楽な安酒修行

ワインのある日々　103

ボージョレ・ヌーヴォー解禁の日　110

血もブドー酒も流れたパリの石だたみ　118

〈column〉ananがELLEを変えた——？　135

フランス　一流の安料理

クレープはカルヴァドスがあって男のものになる　145

Rの月も深まった。海の果物、大皿といきましょう　152

馬刺し、牛刺し、クジラ刺し　味蕾の退歩しないうち　160

冷え込む夜の鍋ものはしゃも鍋につきる　168

〈column〉パリの造型、青春の造型　174

パリ

メトロゴチック――グッド・デザインでない魅力　181

それを愛してるのはそのために時間をムダに使ったからサ　189

セーヌの恋人　212

パリ、子どもたちの歓声　214

イタリア

食はシチリア、味は天下の美少年

イタリアでない国にいると何かが足りない感じで身体をだまして使っているようだ。で、限界にくると一刻も早くイタリアに駆け込んで、もう国境の町のどこでもいいから店に入ってスパゲッティを腹に収めて落ち着く。

国境の町といっても殺伐でも淋しくもなく店の人間もそんなこと念頭になくて、この辺は、ようヤタラ腹を空かせた奴が飛び込んでくるなと思っている。こちらもなじみだったような錯覚を起してくつろいでいる。それがイタリアという国の料理の味だ。

あとで調べるとこんな店がミシュランのリストにのっている。それも〝わざわざ出掛ける価値あり〟の花印。人口300万のローマですら1軒しかあげられてないランクのが国境の辺にやたらある。モンブランに登ってケーブルカーでイタリア側に降りた村にあり、リヴィエラのマントンからトンネル抜けて、ぐっとみすぼらしくなった村にそれがある。味は隣の国の10倍美味く、値段の方は半分以下である。

　イタリアはイタリア料理ばかり。当り前のようだけど、パリでも中華やイタリアの外国料理店の方が多い界隈はいくらもある。なのに、ローマやミラノではフランス料理店は数軒きり、いまや文明国では珍しい。

イタリア人は自国料理が一番と思っている、特にお袋の作るのが。

イタリアは万事が宗教《カトリック》の行事を中心に動いていて、精神面はぜんぶ坊さんに預けてしまい、物質的な方は食事を中心に動いている。どこを見て廻っても面白い国の住民が生きる喜びの第一義を食に置いているのは有難い。安酒安料理でも充分美味いということだから。

米を食べるからイタリア男は情熱的と、彼らは言う。食の次は色か、早く言えばあれが強いのは米のせいだそうだ。ポー流域の田植女《モンディーナ》が鉄火肌で、シルヴァーナ・マンガーノがわき毛を見せて踊るのが目に焼き付いているのだろう。

米を美味いと思わない人種は実はいないので、自分とこで採れないと変なことを言う。パリでは東洋人の目が吊り上ってるのは米を食べて慢性便秘だからだといって、子供が下痢すると医者が米をすすめる。

イタリアでシンを残したリゾットや魚を入れたおじやを食べるのは便秘よけか、これは我々よりかフランス人にファンが多い。これよりか町で売ってるオニギリのコロッケの方が美味しい。

イタリア人は自国が生んだマルコ・ポーロとコロンブスに感謝しなければならない。パスタとトマトを持ち帰ったのだから。イタリア料理からパスタとスーゴというトマトソースを抜いたらどうなるか……。

イタリアはよく歩き廻ったが、スパゲッティ行脚のようになってしまった理由がある。たいていホテルはさけて安いアルベルゴ（旅籠）かペンション、もっと安いのではカメラ（部屋）に泊る。それでも朝食付きで、安いだけあってカプチーノとビスケット数枚だから、歩き廻るし気候はいいしで昼はバッチリ食べたくなってパスタを抜くわけにはいかない。

立食いソバみたいな店で、ビールとスパゲッティで計400円で済ますこともするが、一応坐るとまずアンチパストを食べたい。これがタコだのシャコだのを油であえて、美味しくてけっこうコッテリしてるから、次のパスタは重たいラザーニアの類はさけ、スパゲッティをツルリとやりたい。

麺にはひもかわのナストロ（リボン）、ホースみたいなマカロニ、うどんのベルミチェリ（みみず）とあるが、大食い用で残してしまうからスパゲッティ（細ひも）かカッペリーニ（髪の毛・天使の髪というのが一番細くて、これはローマに住んでたときソーメン代りによく作った）になる。

ソースも色々でイカのスミのモーロ、ボンゴーレなど知られてきたが、結局、トマト《ポモドーロ》ソースかバターだけのが一番という心境に達する。

こうして１回休まないと次のメインが食べられない。イタリアのメインは微妙なというより素材の良さと量で、生野菜から始まってコったものに入っていくフランス式とは逆で、古代ローマの豪放なエネルギーはメインに残っていて、炭でこがすか煮立った油に放り込むかだ、これは騒ぎながらえんえんとやる味で、毎日やってたひにはバカになってしまう。

高級そうな店の窓にただ生のパスタがおごそかに置いてある。ボローニアは食道楽の地で、生ハムや野鳥、兎、キノコ《フンギ》ステーキなど得意なのだろうが「スパゲッティだけでもいい？」と聞くと「ぜーんぜん！」と言うので２皿食べた。パスタも本格は手打ちを作って２日ねかせたりするので生易しいものでない。

ピエロ・デラ・フランチェスカのフレスコが目的で行ったアレッツォのバスターミナルで食べたカッペリーニが見事なので感心してたら、バスの運ちゃんや巡

査が、イタリアでパスタの最高なのはここだと口を揃えて自慢を始める。ローマでフェリーニ監督を訪ねたときも「女房のが一番」とのろけた。台所から丸々太ったマシーナ夫人が「映画に出る前はこれを止めてやせるのよ」と言う。

　ナポリに下ると人情ますます濃く料理に味を付ける。下町で自慢がムール貝スープ《ズッパ・ディ・コッツェ》なんていう、家族が食べるついでに人にも出しているような店で、その家の男の子がスープ皿につっこんだ指をなめな

め運んでくると、もしコレラにかかってもいいという気分になる。

　シチリアというとマフィアとくるが、ミラノやローマの方がよほど無法地帯で、ここでサイフを落しても、みんなが盗ろうと考えているから代表がちゃんと教えて返してくれる。人々は大変真面目で古風な威厳がある。

　シチリア風スパゲッティというと、ソースの代りにナスの油いために水牛のチーズをからめた具をのせるが、こればっかり食べるわけじゃない。シチリア風にこだわらなくても古式《アルカイック》な風物が味を付けてくれる。マダコやスミイカをただ茹でレモンをかけて食べさせるヨシズ張りの店が並んでいるパレルモの壮大な夕景。

世界で最も美しい風景はもしかするとタオルミナだ。涼しい山にあって三方が碧い海。花咲き乱れる野のはるかに年中煙をあげているエトナ火山の雪が白い。美は風景だけではないらしい。ナポリも美少女美少年が多いが、シラクサなどギリシャ植民都市が栄えたここはフェニキア、アラブ、ノルマンの血も混って地中海型美形の産地。確かヴァレンチノもここの生れではなかったか。

HOTEL TIMEO
タオルミナのホテル

今世紀初頭、退役軍人グレーデン男爵なるドイツ人が、性の偏見を知らなかったギリシャ的愛の故郷を求めてタオルミナにやってきて、若者のヌード写真を撮りためて世を去った。その頃は人目をしのぶ決死的行為だったのだろう、男爵の死後かくされ、うずもれてしまった写真が近年パリで写真集になりセンセーションを巻き起した。俺も撮られた、写真を持ってるぞというもうヨボヨボのじいさんが次々に出てきて、グレーデン氏の写真は新しいタオルミナ土産となり、美少年産地の評価は決定的となった。

古式《アルカイック》な風景にラテン系の丸味のあるおしり、ギリシャ的基準《カノン》を持った小麦色の裸体はよく似合う。古代の彫刻も男を愛でたものの方が数からいうと絶対に多かった。例外というわけではないがシラクサの恥らうアフロディーテはミロのヴィーナスと並ぶ傑作だ。これはミロと逆で首がなくて手が性をかくそうとしている。これで充分エロティックで、男性像はそうする必要はないから首はあった方がいい。問題は顔で、愛らしく少し不機嫌な少年か、冷酷なアポロということになってくる。メランコリックで、不機嫌な顔をしたアンティノウスを愛したハドリアヌス帝のことを思う。どんな食事だったか？

〝グルメは愛《アムール》を忘れる〟という言葉があるがそれはどの愛のことか、など考えながらタオルミナのリドであるマザーロの料理店のテラスで海水浴場を眺めながら、この年になっても初めてというくらい戦慄的に美味いアサリにアンチョビを加えたらしいスパゲッティを平らげた。

（一九八二年）

豪奢にして、人間的な、イタリアの都市デザイン

トーマス・マンの小説とヴィスコンティの映画からヴェネツィアに退廃と美と死のイメージをいだく人が多い。それに地盤沈下で実際に〝沈みゆくヴェネツィア〟であることも事実だ。とにかくゲーテが来たときすでに20年ともたないらしいと書いていて、それにしてはよく保ってきたものだが、潟にコンビナートができてその危惧が急進した。

しかし都市のデザインという見方からすると、ヴェネツィアは過去の死の町どころか、世界の大都市から失われた生活環境の調和のとれた豊かさを持っている点で、未来的といっていいほど見直していい町なのである。

論より証拠、１日でもいいから来て見れば分る。まず人の歩く道にクルマが走ってこないだけで脳の片半球が動き出すような、くつろいだ平安な気分となる。縁日気分で路を歩くなら遠廻りになってもかまわないのだが、迷路に見えた小路は方向性がのみこめれば意外と迷わない。真っすぐでないだけだ。ゲーテも日記の最初に「レアルト橋には容易に出られた」と書いたが、決して自分の勘を誇っているのではない。この町の構成は大きく見るとダイナミックなくらい明快である。Ｓ字形の大運河の中央にあるレアルト、北端の鉄道駅（陸への橋）と南端のサン・マルコ広場（海への港）。

そして乗物機関の通路である運河は、栄養を運ぶ動脈のような小運河が家々の裏口をめぐっている。大運河に橋は３つだが、この少なさが明快な集中性を発揮する。小運河にかかる人の歩く橋は無数だから、２枚の網を重ねたような仕掛けだ。

明快さと複雑さ、両方あるのが都市の魅力だろう。方眼紙のような街路は気分がトゲトゲするし退屈、逆に等高線的田んぼの畦道が道路になったようなのも困る。

この町は昔から観光地だが、日本のお寺のように見世物的要素だけあるのでなく、人々が生活している完全に機能的な都市だ。プライヴァシーがよく守られている住宅の造りと共同体の人たちがなごめる小広場、その構成の巧妙さ。それは、この町を直接的に模倣した南仏ポール・グリモーのような各戸の裏口にヨットがつなげるといったレジャー基地のアイディアだけにすますにはもったいない。理想的な人間の空間学がここに確かにある。

ミラノのヴィットリオ・エマヌエーレのギャレリアを描くと、ソウル・スタインバーグが35年前に画集『パスポート』に発表した表現とおんなじになる。彼はここで立ったまま議論に熱中しているイタリア人たちの手ぶりに注目した。同じ頃、ブルーノ・ムナーリも「イタリア人の手の表現」についてマン・ウォッチング的写真集を出している。ま、実は自分の女のことなど話しているのかもしれな

BIFFI
BIFFI
BIFFI

いが、彼等の様子はもし服装をトーガにしてしまえばローマの元老院か、アテネのアゴラの情景をほうふつさせる。市民の都市、その権利のシンボルである広場の議論。その伝統がギリシャ・ローマの時代をへて今日まで続いているのだ。

　ミラノのギャレリアは雨風の多い北国での解決法だった。ここなら雪の日だって集まれる。19世紀の鉄骨とガラスの建築はパリに中央市場《レ・アール》を造り、仲見世《パッサージュ》を造り、ロンドンでは、キュー・ガーデンの温室を造った。何事にも豪壮なことを好むローマの子孫たちは、5層の建物の十字路を広場兼広間にしたわけだ。ナポリにもこれよりデカいのがある。それは強すぎる陽光をさえぎっている。

　イタリアに初め来て、それからパリへ入ると何だかコセコセしているように感じるという。あのパースペクティヴの立派なパリでさえそうなってしまうのだからイタリアは実に気宇壮大だ。

　イタリアは古来、建設技術に優れているうえに権力者の力があったから（力があったからそうなったワケだが）見るだけでスペクタクルなものが残っている。コロッセウムや水道橋や、地中海世界に遺蹟になっているものも一見の価値があるが、権力範囲が分割された中世でさえ目覚ましい。

例えばトスカーナに中世末、夢の都と呼ばれるほど栄えたシエナの広場は、殿様がマントをぬいでパッと拡げ、こんな形の広場を造れと言ったのが、実現したのだという。丁度、市庁舎（城）がギリシャ円形劇場の舞台側になっている。城は崖にのぞむはずれにあって、ここから都市が丘に広がっていく。実にかっこうがいい。

人間は人間の造った町に生れ、計画者の名は知らず、そこに住む。そして自分もまた計画都市を夢見る。いずこにせよそこは開拓の地であり、夢の所産だった都市だ。その刻印をイタリアの町々は持っていて、注意しなくてもそれが分る。

自然発生的な、サンゴ虫がサンゴ礁を作るようにして成った、雑然にして単調な町はむしろ近代の急膨張の結果で、都市の造型は本来、意志的だった。風土の条件の前に規範的原型があったギリシャ・ローマのコロニー都市は、方形の広場とそれを囲む方形の住居区から始まった。市民の独立、都市国家の成立する中世、ルネッサンスに交易が盛んになって、都市は中心点を持つ放射状の街道の集まる、自然な形に変容していく。

早くできた都市のボローニャに例をとると、当初の城門の外側が副都心となって、名高い2本の塔のあるところから5条の街道が始まっている。そして中央部は神域的に残された。今日、歴史的地区と呼ばれている中心部の昔の建物はそのまま活気ある商業地区だ。特に市庁、城館、聖堂に囲まれた大きな空間は見事で、市民の集う人間の広場になっている。ここは車が右往左往するエトワールのような場所ではない。車が昔はなかったからではなく、交通の街路から入ったところに広場を確保するというのが都市というものの大前提だったことを守っている。もしそれがくずれたら非人間的な全体主義だろう。こうしたことは都市の思想を持ったことのない国、せいぜい堺という町がしばらく自治を得た――それでも学校ひとつ建てるでもなかった、ボローニャ大学は世界最古だ――だけの歴史しかない我々には痛い。

といったようなさまざまのことを、ひとつひとつ特徴的で決してあきることのない、イタリアの町々を巡る旅で体験できる。かつて宗教的大帝国の都あり、戦国武将のたてこもった城塞都市あり、堀をめぐらした平野に、山の頂に、海に突き出た半島に、あるいは潟の島にそれがある。

今日、人々の使っている文明やかかえている問題は共通で、遺蹟がなかったら、その国に何の特徴もない時代だが、イタリアは明らかな歴史の作品のうえに人々が活気ある生活を営んでいる姿が見られるのである。

（一九八三年）

芸術をつくろうとしないコト
Interview with BRUNO MUNARI

この人がいる、と考えただけで、この世界が楽しくなってくる。ムナーリ氏に会いたかった。ミラノの何の変哲もないアパート、目当ての番号の入口で表札を探してたら、突然戸が引かれて、元気のいい白髪の紳士が「ムナーリ！」と言って右手を差し出した。とっさにこちらも「ブルータス！」。

堅苦しいアイサツ、形式主義はこの人にはなかった。明快さと純粋、子供の好奇心と遊びごころに満ちたオブジェいっぱいのアトリエに迎えられ、彼に自分の創造物とあくまで明るいデザイン精神について語ってもらうことができた。

彼のデザインした沢山の灰皿、「禁煙」と書いたのまであった！　タバコが嫌いな人だから、灰皿を改良したのかもしれない。

あの戦後、世界はネオ・リアリスムの映画と同時に、晴れ渡る青空のように爽快な現代デザインの誕生をイタリアから受け取ったのだった。

インテリア・デザインにグラフィック・デザインに、それから絵本に、ムナーリの名があった。いつそのエネルギーが蓄積されたのだろう、バウハウスのような学校があったのだろうか？　ムナーリ曰く、別に何もなかった、世の中が新しいものを受け入れるようになったにすぎない、信じられない答えだった。文化が重層した国、デザイナーが諸分野の仕事をするのはダ・ヴィンチの伝統だろうか？「それもあるかもしれないけれど」と彼は笑ってから、昔を想い出すようにしながら、イタリアは野あり樹々あり河あり海あり、あらゆる感覚が育てられるから、何でもしたくなるのさ、グラフィックだけじゃなく家や車もね」……それは、日本でも同じハズなんだけど、と思う。子供のための仕事をする意味は？「それがいま、いちばんしなければならないことだと思うからだ」この人と流行とは無縁、常に本質的なものに心が向う。

最後に良いデザインについて彼は見事に要約する。そしてそれは機智と愛情に満ちている。「芸術をつくろうとしないこと、何をつくるのか、何を使ってどうつくるか、無駄なく完全に解決できればそれがいいデザインだ。デッキチェアとか楽譜台……しかし素晴しいのは自然だね、オレンジジュースのパッケージ・デザインのお手本はオレンジそのものだよ！　タネというオマケまでついている」

（一九八三年）

オーストラリア

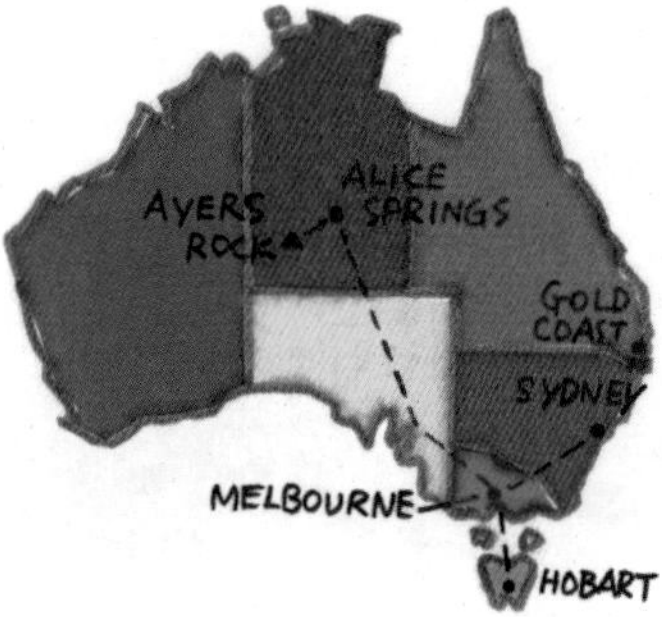

AYERS ROCK
ALICE SPRINGS
GOLD COAST
SYDNEY
MELBOURNE
HOBART

37　オーストラリア

周囲5マイル半のローストビーフ

夏の盛りだった。サンタは水着、でもツリーには雪の飾り。これぞ自由と伝統。お望みなら年中泳げるサーフィンの町からヘリでスキー場へもいけ、英国高級遊民の子孫たちは普段も忙しがらないのが夏はひたすら陽の下で遊び過ごす。ムリして肌を焼くからヒフがん発生率最高。

南半球で風呂の栓を抜くと逆の渦になるというのを試したら時計の針と反対だったが、そういえば北半球でどうなのか知ってたワケじゃなかった。南風が吹くと寒いのも妙だが、太陽の照ってる方が北で、夕陽が左手に沈むのは何か下から見上げてる気分だ。北半球の鳥は太陽コンパスが狂って困るかと思ったら、北ア

ジアからの渡り島もいて余計な心配だった。

まず着いたシドニー、シンボルのハーバーブリッジは僕と同じ1932年生れで、写真で知ってたから湾の景色は初めての気がしない。沢山の入江が深く延びて、大抵のところからヨットハーバーが見える丘に半径35キロの住宅が広がっている。

ダウンタウンは橋の南たもとで坂が多いのはシスコに似て、開拓時代の長屋式労働者住宅がウェールズの炭坑町を思わせる。

クック船長上陸から2世紀だから岩をくりぬいて住みついたロックス地区は、大陸なら変哲もない港の倉庫街なのに歴史的名所で、オーストラリア最初のパブがお上りさんで満員。人手不足の頃の習慣か、店の中に肉売場があって、客が買った肉を庭のグリル台で焼いて食べてる。牛肉も草ばかりで育ったのと、穀物のエサを与えられたのと違い、草育ちの脂身は黄色で匂いがある。この方が安いがそのうち人間も同じ匂いになる。

〝理想国家をつくろう！　そうすれば肉も安くなる〟と、独立のときタスマニアの議員が叫んだというから初めから肉はタダ同然ではなかった。今は理想に近づき、この国どこでも軽い気持で食べられるから、まずはシドニー名物のシーフードといこう。

「安酒修業」にこだわらずとも自然に足は巷の低きに向うが、そこが必ずしも安いかどうかは全くわからない。

清潔健康なシドニーで夜明けまで灯のついてるのはキングスクロスだけで、明るいうちからレース飾りのテラスで時代離れした厚化粧の女が日干しをしていて夜の商売が知れる。何か「エデンの東」のジミーの母親の家があるようなとこで、〝いい女がいるよ〟という客引きにショーグンという店を聞いたら〝日本人のいくような高ェ店は知らねえな〟と言った。日本人を呼び止めといて何だ！　少し歩くと何のことはない日本料理屋は5軒もあった。同行の人がアメリカ人みたいに毎晩トーフなしではだめな人で、これで一応安心できた。

中、伊、希、韓、越南料理が幅を利かせてるのは英語圏どこもで、味の後進国

ケン・ドーンも描いたシドニー湾。シドニーのシンボルはハーバーブリッジとヨットの帆のようなオペラハウス。シドニーの自然史博物館のパンフレットに使ってあった恐竜のデザイン（左上）も似せてあった

というより忙しい仕事は新入り移民の受持だからで八百屋はイタリア、魚屋はギリシャ人と相場が決ってる。そう言っちゃ悪いが彼らにとって次に開業し易いのが街頭絵描きと食物屋で、そのうち競争で美味くもなる。

　豪州に永い人までが、入るなら中華かイタリアが無難と脅すから、ピノキオなるイタリア料理屋に入った。昼なお暗い店で、やってるのかという感じでも夜はイタリア人客で一杯という。なら味も安心と生のカキがあったので白ワインと共に注文する。

　ワインはこの国、無税で、アデレード産の軽やかなのが実に安い。

シドニーのカキは入江の岩についていた小粒の殻の頑丈な奴で、カキは生でなら馬鹿でかく身がポッテリしてるのより灰色半透明のヒラヒラが潮に泳いでるようなのがいい。さて出て来たのは身があるのを賞《ほ》めたいような小粒で、潮水はこぼれてしまってたが潮の香がし、ヨード分が強いクセのあるのが良い味だ。でも半ダース6ドル50セントは1個300円か、高いなあと思ったのは、食べ切れぬ量のスパゲッティマリナーラが4ドルなのと比べたからだが、その後食べ続けてRのつかない月でも食べるカキはこの程度の味かと思ったのに比べて、ここのが最上だった。養殖でなく本当に岩《ロック》からハガしてきたのかな。

ロックと言えばエアーズロック。豪州は食べに来たのではなく、目的はエアーズロックを見ることだった。それは世界最大の1個の岩で、この大陸の中心におへそのように存在する。哺乳動物の全てが有袋類というもう1隻のノアの方舟のような島大陸は、もとインドやアフリカと同じく南米にくっついていたのが漂流してきた。お盆の地形は内海をかかえていて、永い時が海を酸化鉄と塩の砂漠に変えた。それでも数十年に一度の雨が一夜にして花園に変え、泥から蛙が跳び出し、エビや貝が生き返る。2億年前の2匹のエビが生存しているとシドニーの自

然史博物館の月報が伝えている。周り5マイル半の巨岩はそれが石っころに見えるもと海の中心にある。僕はそれを見ていないのにさし絵に描いたことがあって、大間違いをしていないいか確かめたい。犯人は現場に戻るのだ。

シドニーからならアデレード経由で4時間飛んだ大陸の真ん中アリス・スプリングスに1泊、翌朝のプロペラ機でウルルへ1時間半、観光バスでオルガ岩群とエアーズロックを廻って日帰りもできるが、折角だから日没で岩が赤く染るのを見てモーテルに泊り、再び朝の便で戻る。ああ航空機時代は便利すぎて空しい位。

と言うのもアデレードを発った機はブ

ドー畑の田園をたちまち過ぎるとあと2時間は白い塩をさらしたにせの湖が点在する地獄の砂漠の上だからだ。それでもアリスの近くは植物の影がなくはなく、灌木が一定の間隔をとって生え、地中のギリギリの水分が印刷のアミ点のような地表のパターンを決定している。

　アリス空港に降りると身も軽くなるドライな空気の何という爽やかさ。目や唇にとび込んでくるハエ、これはアルジェリア旅行以来なじみの砂漠の連れだ。赤土をこねて創られたような先住民《アボリジニー》の子が大きすぎる眼を光らせて長い脚で遊び廻っている。

　アリスの町は山脈が隠した盆地にあり、水無し川が途方もない時間で浸食したさけ目から入る。1871年に電信中継所を建てたジョン・ロスが発見した泉《スプリング》に妻の名をつけたのが町の名となる。ユーカリの巨木、緑の芝、ジャカランダの紫がけむる快適な町は砂漠の旅人に奇蹟と映る。

　どこも遠く離れた星の植民地のような町だが第二次大戦の遠雷はここにも響く。犠牲者や捕虜になった者が出、この町と日本人とが無縁でなくなる話をネヴィル・シュートが『アリスのような町』に書いた。でもさすがに中華・イタリア料理店はいくつかあるが、日本料理屋はまだだった。

そのうえ休みでモーテルで食べるしかなかったから、やっと豪州らしい料理にありつけた。と言ってカンガルーのしっぽを食べたのではない。あれはここの人にとっても伝説的な話で、少なくともレストランに現れたことはない、獲るのも禁止、先住民だけが黙認されている。別に豪州だけの特別なものはないのだった。

プールつきの結構なモーテル「オアシス」には生ガキのアントレもあって、これは砂漠の真ん中で食べたというだけのことだが、清浄な空気の中でかぐ毛深い動物のほのかな生きものの匂いは何と香ばしいことだろう！　ラム・チョップはその極致にあった。それが昼で、夕方はビフテキを食べたい気になったから、本能が目覚めたようなもので、いくら暑くてもサラサラしている肌心地が性に合って、肉食と砂漠の乾燥が似合っているのだ。材料と体調が絡み合うとコックの芸術を簡単に凌駕してしまう。サハラのオアシス、ガルダイアの市場で買ってきた仔羊の心臓をそのまま塩もふらないでフライパンで焼いたのがどんなにいい味だったか、食べてみてくれないと分らない。その時はお国柄アルコールが飲めなかったが今はここだと更に痛快な喉ごしの度の高い豪州ビールを流し込み、かなり

の量のレアを夢中で平らげ、肉は地球なら豪州という結論に達する。

豪州肉の洗礼を受けた目にエアーズロックは巨大なローストビーフとまず映った。

そのヒモでしばったような縦のひだは近づくと何年に一度の雨か、夜の冷気で生じた水滴が岩面を伝って作ったもので２億３千万年かかっている。岩肌が赤いのは始めからでなく地表の近くで欠けた部分は灰色で、更に赤いつららが蔽うとしている。含まれた鉄分が酸化してそうなるので、この辺の地面がベンガラ絵具に使える赤なのも途方もない時の経過を語る。とにかくこの岩は人類の生れる前から居て一刻も休まず姿を変えていた。それが動植物のちょこまかした生き方と違った生なのだ。

岩の南側（つまり涼しい方）には何と苔を生じた壁もあり、不滅の池は先住民《アボリジニー》

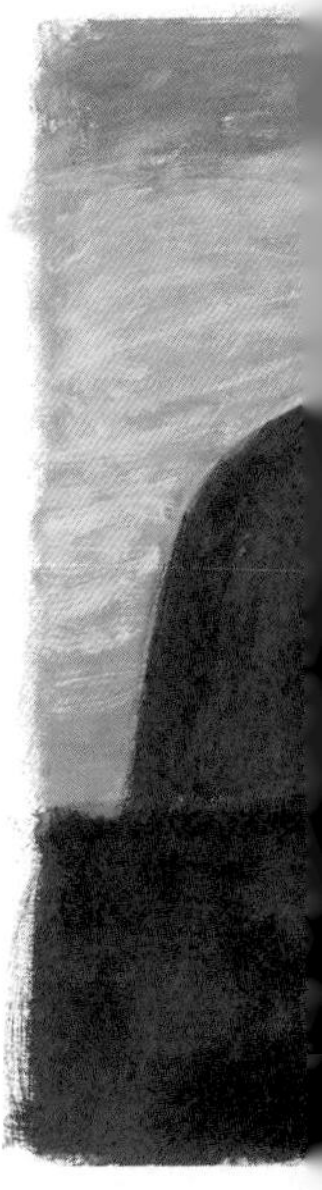

の神聖な場所で、彼らの巨石との魂の交信を伝える壁画がある。

スミレの花も小羊もいなかった動植物系の異なるオーストラリアはマザーグースの定着しなかった英語圏だ。この国は今日、最も優れて盛んな児童文学の生産国だが、その内容はドキュメンタルでシリアスなものから独自のファンタジーの開発に向っている。その霊感は隣り合わせた石器時代の先住民が提供している。

一例はそれまで心理的な題材を扱ってきたライトソンの『星に叫ぶ岩ナルガン』（評論社刊）で、先住民の伝承をもとに水、土、木の精霊を開拓地にやってきた少年に引き合わせ、1個の岩を生ける主役に置いている。

昨夜は雲があった、衛星中継の雲の位置を見て博物学者がその地点に車を飛ばしているだろう。砂漠は雨でどんな変容をするか予測できない。

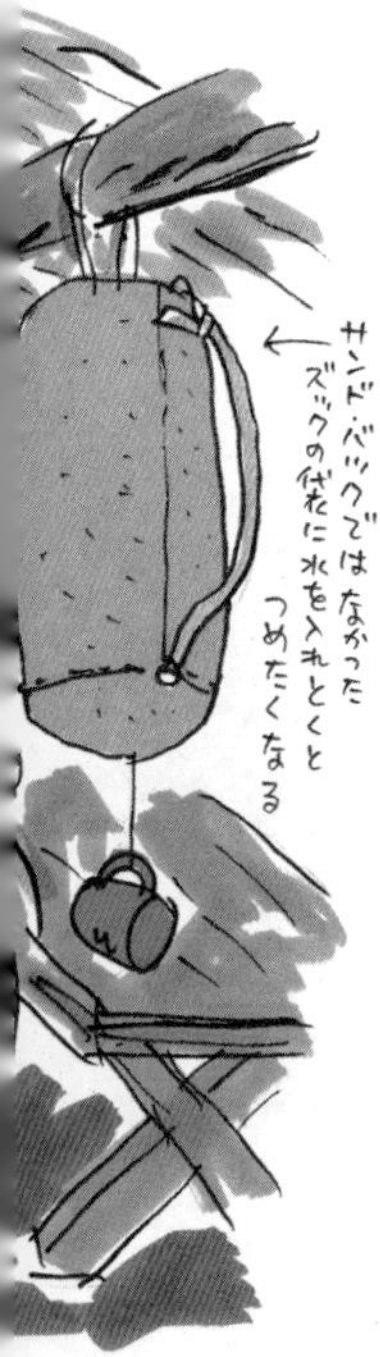

INLAND MOTEL

エアーズロックが目の前にある砂漠のモーテルは土曜の夜、近在の、といっても数百キロ離れたところから集まった休日の若者たちでバアやプールサイドは朝まで賑やかだった。

皆ビールばかり飲んで酔い、遊ぶといってもロックを踊るか相撲をとるか、人の眼鏡をプールに放り込んでもぐらせたりする他愛ない騒ぎで、ターザンのような身体をした若者たちは異性を話術で惹くなんて文明段階には遠く、何か動物の仔が大きく育ったようで、今はまだ交尾期でないだけの話という様子だった。

少し酔いの残る頭で起きたら、岩はやはりそこにあった。当り前だが、自分はここを今日去る。またくることがあるだろうか、子供か孫がくるかもしれないが、人類の未来までもそれはやはりここに居るだろう。

若い健康な連中はケロリと口数少なく、それぞれの目的に向って散っていく。肉食巨人族の女性グループにどこへ行くのか聞いたらダーウィンまで帰ると言う。まさか自転車だけじゃないんだろうけど驚いた。

（一九八三年）

中国

中国訪見

万里ノ長城ト聞クト、ヒトリ峰ニ立テバ己ノ影ガ砂漠ニ延ビ落チテ、立小便ヲスルト気宇壮大ニナルトイウ予想ダッタガ、トンデモナイ。修学ノ生徒ヤ見物客デイッパイデ、長城ヲ造ッテイル時ヨリ人ガ多イデハアリマセンカ。

色鮮ヤカナ中山服ノ紺、軍服ノ緑、記章ヤすかーふノ朱色ガ黄土ニ映エルノヲギッシリ乗セテ、長城ガ山稜ヲクネクネト続イテイルノハ、中華街ノオ祭リノ大蛇ノ行列ヲ思ワセル。じぇっと・こーすたーノヨウナ急坂モアッテ、ココヲ武装シタ兵士ガバラバラ駆ケ廻ルノヲ想ウト、大変ナ騒ギデアロウ。

高ソウナ櫓《ヤグラ》マデ登ッテミタトコロデ、ソノ先ニ同ジ光景ガ限リナク続イテ果テ

月カラモ見エル大建造物
万里長城
COFFEE

中国訪見
画と文 堀内誠一
地下宮殿大公開
明十三陵

ハ春ノカスミト消エテイル。キリガ無イヤ！

英国ニモはどりあぬす帝ノ壁《うおーる》ガアルガ、相手ガ騎馬民族デモナシ、低イモノデ、長サハ110粁《キロメートル》程度、トテモ秦ノ始皇帝ノ長城5千粁ニハカナワナイ。渤海《ボッカイ》湾ノ山海関ニ端ヲ発シ、黄河大屈曲点ヲ西行シテおるどす砂漠ノ南ヲ走ッテ甘粛省《カンシュクショウ》ノ嘉峪関ニ達スル。コウ言ッテモヨク分ラナイガ、経度デ2時間ノ時差ガアルトコロマデ続イテイルノダ。訪中シタにくそん大統領ハ、はいすくーるデ中国史ヲチャントシナカッタノカ、ビックリ仰天シタトイウ。

長城ノアトニ寄ルノガ明ノ十三陵、明ノ歴代皇帝ノ墓所デ、麒麟《キリン》ヤ駱駝《ラクダ》、武官ヤ大臣ノ石像ガ並ブ参道ノ先ノ丘陵ニ、廟殿《ビョウデン》ガ点在スル。長陵ノ次ニ大キイ定陵ノ地下宮殿ガ最近発掘サレテ騒ガレテイル。ぴらみっど内部ヨリモ立派ナ円天井ノ石造リ。副葬品ハスベテ黄金宝石。明代ハ古代えじぷと人ノヨウナ再生観ヲ信ジテイタトハ思エナイカラ、タダノ贅沢。

広大ナ河原ガアル。コレハ解放後ニ人海作戦デ造ラレタ十三陵だむノ堤防ノ土ヲ運ンダ跡デ、毛主席、周総理、朱徳将軍ラモ市民ト一緒ニモッコヲカツイデ建設シタトイウ。

トイウワケデ、時代モ発想モ違ウ中国的規模ノ3大建造物ヲ巡ッタコトニナル。ばすノ走ル道ハ50粁モ続ク直線デ、両側ニ楊柳《やなぎ》・白楊《ぽぷら》ガ幾重ニモ並ンデ浅イ緑ノとんねるノヨウ。

野ニ羊ヲ放ッテ見守ル牧夫アリ、川ニ八手《ヤツデ》ヲ張ル漁夫アリ、青菜ヲ積ンデ馬ニヒカセル農夫アリトイッタ、悠揚《ユウヨウ》タル北京城外ノ風情ヲタップリ味ワッテ、サテ今夕ノ北京料理ニハ何ガ並ブカト期待スル。

北京の歴史は途方もなく古い。ご先祖シナントロプス・ペキネンシスの住んだ60万年前のことは別としても、一国の都となった初めが3千年前の燕《えん》で、すでに「燕京八景」と名所の伝えがある。10世紀の遼、12世紀の金、13世紀の元と、ここが都になるのは、地の利に加えて乾いた空気が気持良く、それでいて水豊かで景色がいいからだった。

雛壇のような宮殿を中心に、東西対称の碁盤目の街路が整然と並ぶ姿は、明代に造られ、清が引き継ぎ、解放後再整備された。

40万人集って国慶節がやれる天安門広場は、飛行場のように広い。毛沢東の肖

左右対称の形而上学都市《シンメトリカル・メタフィジック・シティ》
北京
何故か懐しい北海公園
景山
故宮
天安門

頤和園
北海公園
雑技団公演
西太后
女廁
男廁

像がかかった天安門は、清の紫禁城、今は故宮と呼ばれる宮殿の入口で、溝にかかる5本の橋の真ん中のは皇帝しか渡れなかったが、今は街頭写真師の一番忙しい場所になっている。

いくつも門をくぐり、橋を渡り、左右対称の建物が取り囲む中庭を蜿々《えんえん》と進む。

最も壮大なのは太和門から太和殿を望む眺めで、白大理石を敷きつめた広場に、金箔うるし塗りの大柱が黄《き》瑠《る》璃《り》瓦《がわら》2層の大屋根を支える五彩飾りの中国最大の木造建築が、青天の下に照り映える。

五道の階段の中央は大きな一枚岩で雲龍が彫られ、上に立つ皇帝を雲上人に見せた。この石を奥地から運ぶのが大変で、重いから道に氷を敷いた上をすべらせるほか手がなくて、7年もかかった。といった話は山ほどあって、後門から出た前に、登れば北京中を見渡せる景山が

あるが、これも人工の築山である。

ヴェルサイユ宮などに感心していられない。マリー・アントワネットがねだって造ったプチ・トリアノンなど、ドイツの田舎家を模した可愛いようなものだが、清朝末の摂政、西太后が、アヘン戦争で英仏軍に荒らされて炎上したのを再び建て直した、夏の離宮頤和園《いわえん》は向う岸がかすむ大人造湖を見晴らす山腹に拡がる宮殿群で、例えば立派な劇場があり、観客席は西太后ひとりの椅子があるだけという豪華版。

当時の側近の女性が書き残した『西太后に侍して』という回顧録には、お伽《とぎ》の魔法がかかったような宮廷生活の、奇妙な美とグロテスクを細緻に記してある。5千人の宦官《かんがん》のなかには役者として自分の持ち役を毎日練習する者がいたし、西太后の前ではなんびとも坐ることを許されないのだった。若い皇帝すらも同席で食事するときは立ったまま、という。

西太后の贅沢には、列強の軍事的宣教的圧力に対して中国文化の威容をもって屈せしめようという時代離れな意図があったが、それにしては閉鎖的で矛盾だらけで、内に対しても、民を憂えて雨乞いに肉を断つかと思えば、髪をすかせた床屋が2、3本毛を抜いたと怒って打殺させるという末世的暴君ぶりを発揮する。

紫禁城より離宮に居るのを好んだのは、明代に造られた宮殿には壁の中の抜け道や隠し部屋が多く、それを自分が全部知らないのを嫌ってなのが回顧録に出てくる。寝室の壁を動かすと洞窟のような部屋があって、昔の皇帝がそこでひとり瞑想にふけったらしい。ルートヴィヒⅡ世のような人もいたわけだ。

しかし義和団の乱で荒された時はこの部屋に隠した宝物は無事だった。この時、西太后は西安に難を避けるのだが、逃げると決ると、同行する宦官はたったの17人、婆や2人と婢1人しか残らなかったというから宮廷人というのは現金なもので、そのことを彼女は憎み続けることとなる。知識分別がありながら彼女に権力を握られて何もできず退位した光緒皇帝といい、華美だが全て哀れな歴史の舞台である。中国で最初の電燈があった。縁の赤いガラスの傘だった。

北京は公園の多い町で、市の東には日壇、西には月壇と取り合わせよく、南の天壇に対しては北海公園があり、5つの池を囲む21万坪の市民の憩いの場。花見と舟遊びの人々、柳が並んだ池のほとりを風に吹かれて歩いていたら、子供の時分、親につれられて上野不忍池に遊んだ極楽的記憶が甦る。

そして碧鮮亭《へきせんてい》の食堂に入ったせいか初めに出た羊羹《ようかん》と切餅みたいな菓子の軽い甘さ、口のなかの消え具合が絶妙に思えたので、賞めたら、エンドウ豆が材料の西太后の好物だったという。

「あ、あすこはね、先代が西太后の料理番してた店でね、いい味が少しは残ってるんでしょう。北京は食い物がダメだが、一番マシなのはね……」とあとで教えてくれたのは、岩波新書で『北京三十五年』を出された山本市朗《やまもといちろう》さんで、氏に言わせると、北京ダックもダック抜きの皮とミソだけの方が美味しいよ、で同感。

この方の著書を読んでくれないと話にならないのですが、下谷《したや》生れで、そういえば文楽師匠に似て、背広姿もお洒落で、直截な話し方は久しぶりに以前の東京っ子に出会えたという感じがしました。

鉱山技師で戦時中に来てから日本には一度も帰らず、解放後の中国の工業再建に協力し、文革の時には5年も閉じこめられ「食事の多いのに閉口」しながらも、市井人の柔軟な眼を失わずに温かく見通して来た方なのです。今は工員1万5千人程度のトラクター工場を監督するだけだから大したことありませんよと言って、雀をひなから育てたり、ステレオやハムにこって、お持ちのカメラも自動捲上げの最新型。カラー現像は自分でしちまいますという。いまだにメカ好きの天才少年。

北京はからっとして気持いいがノドが渇く、公園の茶屋で丼いっぱいの茶を飲みながら、話はまた食べ物にもどって、

「連中は餃子80個は普通食いますよ、皮の厚いやつ、ウチの工員で100個食えるってのがいたからね、払ってやるから食ってみろって目の前でやらせたら、野郎、95個ぐらいんなったら額から汗……出し始めやがってね……」

大通りへ出たら、そろそろ勤めの引け時で、中山服工人服の自転車の群れが長い影をひいて流れ始めた。前の籠に夕餉の野菜を1束入れたりして。山本さんは、やはり普及し始めたスクーターのメカに興味があって、止めたりしていると「フム、奴、○○を自分で取り付けたな……」なんて言いながら見に寄っていっちゃう。

「秋がいいから又いらっしゃいよ、文革で姿消してた茶店や見世物なんかがその頃は出てくると思いますよ」。山本さんと歩くと、ここが他国なのを忘れていた。このまま、まるで自分の家に着けそうな……。

夜の盛り場で〝卆技〟と中国略字のネオンの点いた雑技専門の小屋で曲芸を見る。ここも椅子に坐った瞬間にタイムトリップに入るような雰囲気で、場内が暗くなって幕にライトが円く当ると、満面嫣然《えんぜん》たる美女が現れ、演目を高らかに唱して人形もどきに引っ込む。

幕が上り、浅葱《あさぎ》のバックに金魚の飾りが下って、黒目パッチリ、頬を紅で染めた身軽な男女が飛び廻る。

2人組のピエロの小さい方が相手の頭の上に頭をのせて逆さまになり、下が脇腹をかくと、上も鏡のようにマネをする他愛のない芸も、アマチュアリズムが全くない、龍宮で見ているような別世界の芸で、表情やら色彩やらが昔の『コドモノクニ』や『キンダーブック』の絵のようだ。で、チュチュの下からむっちりした脚を出したローラースケートの女の子がでてくると、かなわないようなお色気。出演者は7歳から17歳までの、国立雑技学校の生徒たちだった。

上海へ北京からジェット機で2時間とかからないが、降りた途端に感じる湿気で違う風土に来たのが分る。東京と同じ気候なので、人間の顔も動作も北京に比べるとすばしっこそうだ。上海は新しい町だが、江南には南京、揚州、無錫《むしゃく》、蘇州、杭州、紹興と、お酒や料理で聞いたような、それぞれ千年、500年と時代の違う都があって、町の姿も違うらしい。そのひとつ、蘇州を訪ねる。

上海駅から列車に乗る。軟車というのが1等で車輌はドイツ製だったが、テーブルに盆栽が置いてあるのが違う。お茶の用意もある。中国式のお茶は茶碗の中に葉が入っていて湯を注ぎ、葉が沈んだとこで飲む。ボーイが何回でも注ぎに来る。窓の外は太鼓橋のかかるクリークの多い田園、1時間で蘇州に着く。

蘇州は2500年前の呉の都で、太湖をひかえ、クリークが縦横に通うヴェネツィアのような水の都。故郷へ戻ったマルコ・ポーロは蘇州と杭州のことを他の町の数倍も詳しく、その栄華と船遊びが楽しかったことを伝えている。

月落烏啼霜満天　月落ち　烏《う》鳴き　空に霜
江楓漁火対愁眠　静かな眠り　川の漁火
姑蘇城外寒山寺　寒山寺の鐘が
夜半鐘聲到客船　客のせた船まで

と、唐詩選『楓橋夜《フォンチャオイエー》泊《ボ》』に歌われて我々に親しい。次のは南京のことらしいけれど杜牧の『江南春』でこれも名高い。

千里鶯啼緑映紅　見晴せば鶯啼いて花に緑
水邨山郭酒旗風　川辺山辺飲屋の旗ひらり
南朝四百八十寺　南朝四百八十寺

中世水墨画の世界

蘇州

風雅なりソバの焼ソバ

寒
寺

園林之都蘇州
拙政園
虎丘入口
留園
現像屋

多少楼臺煙雨中　塔が遠くにけむってる

と、まあのどかなもので、昔から役を辞めたあとは蘇州に庭付きの家を持って美人と花鳥風月に囲まれて余生を送るのが風流な人間の憧れだった。

生は蘇州にあり、食は広州にあり、棺桶は揚州というのは有名だが、女は蘇州、男は杭州ともいう。東男《あずまおとこ》の方の杭州は越の都で、呉越同舟という、気が付いたら敵味方一緒という言葉ができたほど、春秋時代に両国は対立し続けたが、エネルギーが余っていた証拠で、豊かな田園がひかえて宋、元の時代もずっと栄え、明に至って蘇州は人口100万を超す世界最大の商都になり、その経済力と特に文化は他を圧し、従って美人も育った。

さて今の蘇州は人口50万、無粋な上海の1200万に比べると中都市だが、北寺、虎《フウ》丘《チュウ》の塔をいただき、黒い瓦と白い壁の家並みが水墨画のように美しい。中国何大名園というものの殆どがここに残っているが、町中が一種の庭園のようなものなのは、その土地の材料で壁を塗り、焼いた瓦をのせるということが風景を美しく整える見本のような町である。名園なるものをいくつかのぞく。

拙政園《チュオチョンユアン》というのがある。拙い政治の名の通り、明朝にワイロで造った邸園で、我国歴代首相邸を100倍ぐらい大きくした（いや、もしかすると2、3倍かな、近頃は）紅楼夢の舞台。池を巡る回廊といくつもの館、太湖石という穴だらけの奇岩を配した蓮池や盆栽園が見ものらしい。この太湖石というのは近くの太湖の水中で浸蝕させた石で、次なる留園《リウユアン》にもふんだんに使われている。

留園は清朝末期の金持ちの邸園で、東京・芝の同名料理店主はこの最後の持主の末裔とのこと。邸内は大した面積ではないが迷路のようになっていて、案内《ガイド》を見失うと出られなくなる。やれこの丸窓から見るのが何とかの景といった趣向で、この石は鷹が雀を狙っている様《さま》、これはパンダといったつまらない解説を聞いていた日には日が暮れるが、この解説が無けりゃもっとつまらないものである。

虎丘も謂《いわれ》で固めたようなところで、呉王の墓所。『史記』では墓を守るために白虎が居すわったとあって、門は虎の口で塔は虎の尾だそうだ。この塔は2.6度傾いていて、西にピサの斜塔あり東に虎丘斜塔ありという。こちらの方がピサより古くて1000年以上前に建って400年前から傾いた。〝剣池〟は、3000本の剣と呉王が水中深く眠るという淵。この水をかい出して調査する案があるが、そうすると丘の塔が更に傾くという微妙な関係らしい。他にも孫悟空が落ちた石だとか聖徳太子

8歳の頭蓋骨的なのが所狭しと並んで、SF花屋敷みたいなところに行楽客が鈴なりになっている。

カメラが普及し、彼と彼女がこうしたところで盛んに記念写真を撮っているのは蘇州に限らない。時は春爛漫、山吹や木蓮の枝を髪に寄せて涼しい顔の美少女が伝統的ポーズをニッコリと決めている。多くは6×6判で、現像屋が池でフィルムを水洗いしてすぐ焼いてくれる。密着だけ大喜びで受け取ってフィルムに未練のない連中もいる。

寒山寺《ハンシャンス》、寒山と拾得の両聖人のうち寒山がここに庵を結び、樹や壁に詩句を書きなぐったと伝えがあり、先の『楓橋夜泊』の古詩で天下にとどろいた。場所も風流な太鼓橋のたもとなのでツイ期待するが何の変哲もない荒れ寺である。脱俗的狂貧子の両聖にとってはカンケイない話だが、詩の拓本を複製の石からとって売るのが商売で、門前には硯を観光客に売りつけようというのが並んでいる。この硯は質が悪いから買うなと旅行社の人が注意するが、文具四宝のうち硯というのは全く判らない代物《しろもの》で、並で50から300元、高いのはキリがない一方、必需品でもあるから1元50銭のもあって、これも結構な彫りがしてあるのだ。門前で硯を売る人の子か、ジプシー風に愛嬌よくニーハウをふりまく鼻たれ童子たちが野性的に生き生きしていたのが印象に残る。こいつが寒山の生れ変りかな。

　寒山寺は名園に入らないが、他に獅子林《シーズーリン》、怡園《イユアン》、滄浪亭《ツァンランティン》、網師園《ワンシーユアン》などネーミングのうまいのが沢山ある。美しいが広大で単調な田園に比べて、こうした人工庭園が、コバルト色のガラス窓からのぞくと雪景に見えるといった趣向で、珍奇にしても、何か馬鹿馬鹿しい。それよりか普通の町の姿が、例えば北寺塔を登れば展開する家々の瓦の美しさ、せりやカリフラワーを山と積んだ小舟が行き交う運河の風情がいいと思うのは旅行者の勝手な言い分か。

　蘇州料理は上海料理の故里であるはずで、秋は陽城《ヤンシェン》湖のカニというが、春は近在で採れる竹の子や豊富な野菜、野草であるらしい。蘇州飯店の朝食と昼食は北京に永く居すぎたと悔まれたほど美味しくて、禅味のようなものがあった。例えばワカメの天ぷらをもんだみたいのがあった。味をみるとこれは野菜の干物で、これに絶妙に合うのはソバのソバ焼きなので、焼ソバと普通言うけれどソバ粉の麺をいためてみようと思ったことがありますか？　このコペルニクス的発想の焼ソバは誠に軽くて風雅なのです。

いや、今や中華料理は香港、もしかすると東京が最高ですなという説に対してはまったくギモンで、ごちそうと毎日食べるのとは違う、味付けは蘇州と思った。酒も紹興酒《しょうこうしゅ》は紹興産がいいのだ。台湾製じゃなくて、江南では紹興と満足していたら、本当の酒飲みというのは違うね。四川の五糧液というのを手に入れたと1杯すすめられて目の前が暗くなった、マオタイよりも美味い酒もあるのである。

魔都上海なんて呼ばれていた頃、浅草松屋にマンハッタンの匂いをかいでいた少年には、摩天楼立ち並ぶ上海は魔力的魅力があった。理髪店も当時は国際都市上海で修業して来たといえばモダンだった。

上海のド真中に競馬場があった。日比谷、丸の内にあるようなもので、その近くが租界で、英米人の共同租界、フランス租界などがそれぞれ電圧のヴォルテージも違って治外法権を成していた。今、競馬場は人民広場になり、時計台のある建物は展示場に変った。租界の名残は、英国チューダー様式の洋館が並ぶかと思うと、アールヌーヴォー風あり、スイス式コテージありで、田園調布だ。そこに洗たく物が満艦飾に干してある具合。

商店の看板もまるで漢英辞典で、やたらと英語書きの多いのも伝統か、何てことはない、似ているのは東京や神戸で、日本の方がメルヘンチックな夢を追っているぶんだけオカシイかもしれない。

かつての東洋の不夜城も夜は通りが暗い。それでも人が街にあふれ出るのは家の中が狭いからで、現在都市生活者の居住スペースは1人当り1坪。中国はベッドと椅子式生活だから余地がない。我国のフトンというのは便利ですね。でも、この暗さはアヴェックにとっては天国に違いないので、落ち合って語り合う好みのベストワンが映画館の前というのが泣かせる。後年きっと「チャイニーズ・グラフィティ」が作られることでしょう。

婚前性交は何処で成す也？　と鉄面皮な質問をしたら、すごくうれしそうな顔のあとに、そんなことはしないという返事で、ごまかしている風でもない。どんな女《ひと》が好き？　と聞くとハート美人とくるんだから。

河に沿った（河といっても巨船が入ってくる）黄浦《こうほ》公園の岸壁はアヴェックとアヴェックの間に人が1人入れる間隔で何キロも熱烈に並んでいる。真っ暗のなかに河を上下する船の霧笛が鳴いて情緒満点。

服装は……良くは見えないが皮ジャンの男性も、スタイル服の女性も多い。でもまだスカートの季節ではなかった。中国にファッションがあるかとか、いずれ現代化でもとに戻るさ、とか人の興味は傾くが、お望みなら南京路の盛り場には闇屋がテトロンの下着を出すとサッと売れていたり、闇夜にサングラスでテープを鳴らして歩いてるのもいる。

でもこちらは化繊業者でもトランジスタの販売員でもないから面白くもない。気が付いたけど、アメリカやフランスのツアー客のなかには、自国のチャイナ・

ブームで絨緞や家具をポンポン買い込みに来た目的の他に、毎日ショッキングな服に着替えて中国人民に見せつける、歩く広告塔をしているカルダンや大屋夫人みたいのが多いですね。日本の娘やアンドロジナスな男子にも、中国では手に入らない格好をして注視を浴びるのがエクスタシーで、また中国に来たいワァというのもいるけど、この方はすでに米仏に征服されし人々ですね。

南京路を西蔵《チベット》路に折れたところに風呂屋があったので入ってみる。ここのは板の床から湯気の立つ、徳川家康なんかが入ってたような式で、汗をかいた浴衣を脱いでマッサージしてもらう、かつての上海風呂。今は2軒ぐらいしかない湯治場に近いものらしい。昔の日本人はこういうのに驚いて、中国人は悦楽的で、だからダメなんだなんて言ったのだろう。

上海は近代都市なだけに、いろいろ我国に似ていたりして、近代のひずみを考えてしまう困った町なのです。

世界史で近代といえば独立と進歩となるところを全く逆の不幸だった中国（又は印度）は大変だった。人民公社を見学すると、墓地をぜんぶ農地にしてしまい、子供はなるべく1人までにするといった政策はホントなんだということが分るが、地球の資源と人口の極限的問題に先行するヒントを〝自力更生〟の考え方は内蔵しているかもしれない。

（一九八一年）

メキシコ

メキシコのおもちゃをたずねて

　大金持ちのハワード・ヒューズが晩年を過ごしたとか、ジョン・Ｆ・ケネディ夫妻がハネムーンにきたとかいうアカプルコのリゾートホテルに僕も泊った。実は観光省の招待で、そうでなければ近寄ることもない。だいいち町から離れていて、日がな一日プールサイドでマルガリータを飲むしかない。そうしていると、前の海の上をモー

ターボートにひかれたパラシュートが通る。パラセーリングというアカプルコで開発されたスポーツで、気がつくと、その本物の下に小さな紙のパラシュートが小さな人形をつけてヒラヒラ舞っている。土地の人が早速それをおもちゃにして売っているのだ。そしてそれを買っているのもメキシコの子どもたちだった。

ゴムまりでスポーツをしたマヤ文明はハンモックも発明した。ユカタン半島の村の家屋は、丸い鳥籠のようなもので、その直径はハンモックを吊《つ》るのに丁度いい広さ、つまり1部屋で、そこに電気冷蔵庫やテレビが置いてある。すごいなと思ってよく見ると、それは実物大の模型なのが分って驚いた。もっとも外側だけそういう感じになっている戸棚なのかもしれない。そんな具合に、おもちゃでなら彼らはなんでも持っているというわけだ。

おもちゃとは欲しいものを所有することかもしれない。撮る格好をするだけのおもちゃのカメラがあるが、子どもしか欲しがらない。もっとも、大人がゴルフ道具を懸命に揃えているのも、ゴルフに興味がない者にはフシギなおもちゃを集めているとしか思えない。恐らくそのおもちゃのおもちゃもあるだろうが、実用の意味がハッキリしないことにはおもちゃは生れない。子どもはカメラを構えることで、相手にポーズさせたりできるという、そのモノの持っている意味、潜んでいる力を認識して所有しているのである。何かそういう精神で、メキシコの人々はこの世界のありとあらゆるものをおもちゃ化して所有しようとするのかもしれない。家畜やペットや野生の獣、鳥や魚、家具や台所用品、果物や野菜、飛行機や自動車や洗濯機やテレビ、楽器、天使や悪魔、赤ん坊や骸骨。人形の家の部品のように何でも揃ってしまう。そしてそれらは大抵の町にある市場の荒物屋や、村の市で盛大に売られている。

　中央広場《ソカロ》を囲んでレストランが並んでいる。外に出したテーブルで食事……女房はモレソースのチキンがあるとそればかり食べている。ココアを使ったソースでチョコレート色をしていて、何か大変な感じのするものだが、我国における味噌、インドにおけるカレーで、店ごと微妙に味が違うから決定的な味を探究したくなる……をやっていると、年寄りや子どもが身体中におもちゃをつけて売りにくる。大抵うるさくてかなわないものだが、メキシコは違う。ぜひ見せてほしくなる。ちょっとした材料で実に気の利いたもの、可愛らしいもの、美しいものが

MEXICO

あるからで、薄い木でできたペーパーナイフの頭が動物になっていたり、色の麦ワラで編んだ小動物やちっぽけなメリーゴーラウンド、蛇の口に指をつっこんで引っぱると抜けなくなるもの（沖縄にもハブのおもちゃがあり、全く同じ）など、どこかユーモラスで買って人に見せたくなる。造りが簡単で素朴な味わいがあって、それ故に値段がとても安い。我国の名所観光地のタダでも有難くない、情けない感覚《センス》のものと比べて何という豊かさだろう。で、これは決して観光客相手の商売でなく、メキシコの人たちが興《おもしろ》がり、買い求めてい

るのである。勿論、外国人相手の商売も大都会にはある。インディオの衣装を着こんで自分と同じ姿の人形を売っているけれど、その人形の顔はどう見ても彼らの創造物ではない。世界中のぬいぐるみ人形と同じパッチリ眼で、売り子の中には素人というか、人形を全部自分の方に向けて座らせていたりして悲しい。おもちゃまで取りあげられてしまった人たち、という感じがする。

夕刻や日曜日のソカロや公園はそぞろ歩きの市民でいっぱい

になる。切った西瓜《すいか》やわた菓子をさした台を頭にのせて売り歩く人や、さまざまの屋台。揚げた豚肉を売る店の行灯《あんどん》代りの豚の皮。パパイアやマンゴーや色鮮やかな果物が包丁で奇妙な人目を惹く形に切られて並んでいる。みんなが何かの飾りや風船を持ち、父と子がまったく同じポーズでソフトクリームをなめなめ歩いている。こうした楽しみが絶頂に達するのは祭りの日である。ポサダの日（クリスマス・イブ）が近づくと家々の内庭にピニャータという星のお化けのようなくす玉が下げられる。中に花火が仕掛けられている。いっしょに骸骨や悪魔のハリ

ボテも並ぶ。これも盛大に爆発するのである。いや骸骨と悪魔の人形はメキシコのおもちゃの最大の題材で、スペイン人、インディオ、そして混血が共存する社会で、悪魔は誰かで骸骨は自分たちの仲間なのだ。悪魔がバスの運転手をしていたり、牧師（！）だったり、闘牛士が骸骨で悪魔に赤い布を広げていたり、骸骨がミシンをふんで服を作っていたりする人形や砂糖菓子がある。闘牛ごっこの牛の仕掛花火が爆竹とともに鳴り響き、悪魔たちが燃えあがり、そして聖なる星《ピニャータ》がきらめいて割れると、中からお菓子やおもちゃがバラバラと子どもたちの群れの中に降り注ぐ。

メキシコ壁画運動の巨匠ディエゴ・リベラは妻のフリーダ・カーロと、プレ・コロンビアの芸術やインディオの民芸の熱心なコレクター、その精神の理解者だった。彼はあるおばあさんの作る骸骨のハリボテを悉《ことごと》く買い上げていた。残酷な自然、残酷なマヤ・アステカの宗教に続く、更に残酷な時代を通して、民族の反骨と生活の喜びを表現し続けたのは、こうしたおもちゃの創意ある造型と可憐な優しさ、笑いのエネルギーによってだった。

（一九八四年）

ダリ美術館テアトロ・ミュゼオを見る

パリに限らず、世界の芸術界に影響を与え続けてきたスペインの五人男、それは音楽家のカザルス、画家のピカソ・ミロ・ダリ。そして映画のブニュエルである。ひと頃パリモードに独特の光彩を放ったスキャパレリ*がスペイン生れのところから〝モードのピカソ〟とか〝ダリ〟とか呼ばれていた。そのピカソもカザルスも90近い天寿をまっとうしたが、その直前まで活発な仕事ぶりで。この巨匠たちは皆若い時から天才のほまれ高く、老年に至って創作力が衰えるどころかますます旺盛であり続けるのには驚くほかない。同様に長寿の独裁者フランコはスペイン人をして「もう死んだと聞いても信じな

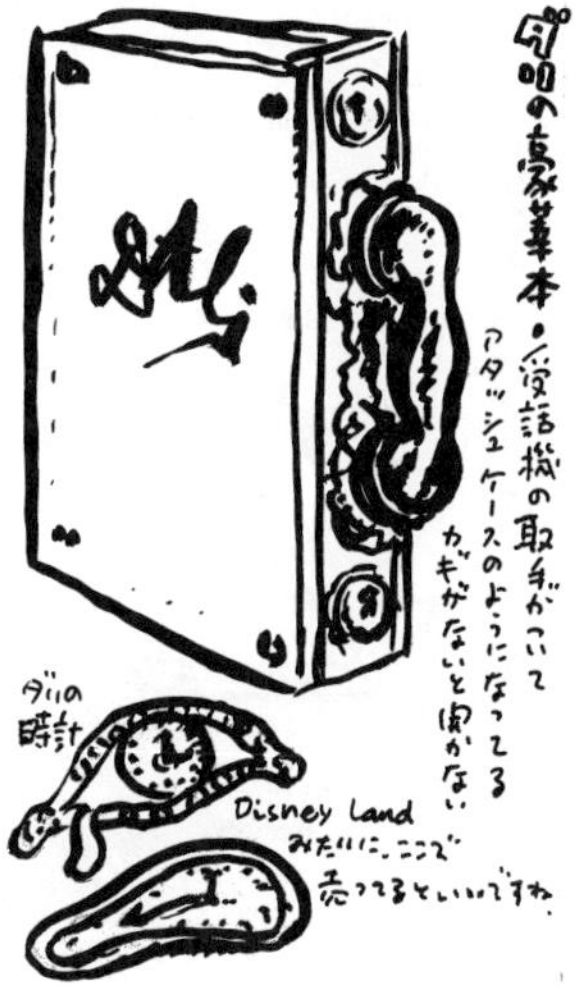

い」と言わせるほどだが、その存在が彼等の精神を不断に刺激しているのかも知れない。去年もブニュエルは〝世界で最も若々しい映画監督〟という讃辞にたがわず新作を大入り（35万人）にさせたし、ピカソに比べると地味な軌跡を示すミロにしても6カ月にわたるグランパレの大回顧展に新作の大彫刻を出品して、その若々しさが話題になった。

　さて、彼等のうちで最もお祭り男であり、サロンの話題にことかかないダリはどうか、彼は主に豪華画集の新作、料理の本や小説の発表など精を出していたが昨年9月末ピカソが南仏に自己

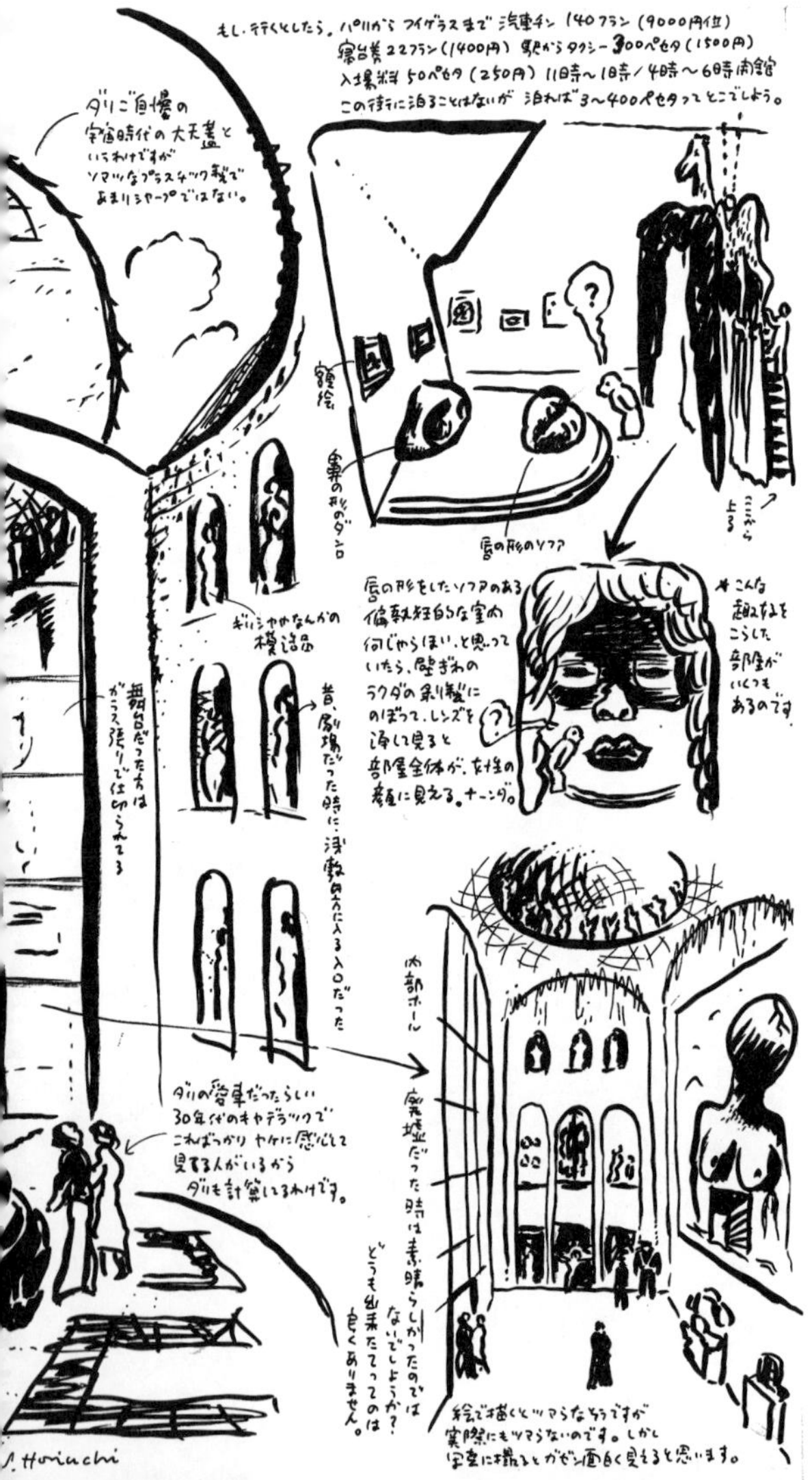
もし、行くとしたら。パリからフイゲラスまで汽車チン 140フラン（9000円位）
寝台券22フラン（1400円）駅からタクシー300ペセタ（1500円）
入場料 50ペセタ（250円）11時～1時／4時～6時開館
この街に泊ることはないが 泊れば3～400ペセタってとこでしょう。
ダリご自慢の宇宙時代の大天蓋というわけですがソマツなプラスチック製であまりシャープではない。
壁絵
鼻の形のダンロ
唇の形のソファ
ここから上る
ギリシャかなんかの模造品
唇の形をしたソファのある偏執狂的な室内 何じゃらほい、と思っていたら、壁ぎわのラクダの剝製にのぼって、レンズを通して見ると部屋全体が、女性の顔に見える。ナーンダ。
こんな趣向をこらした部屋がいくつもあるのです。
舞台だった方はガラス張りで仕切られてる
昔、劇場だった時に、桟敷の方に入る入口だった
内部ホール
ダリの愛車だったらしい30年代のキャデラックでこればっかりヤケに感心して見てる人がいるから ダリも計算してるわけです。
廃墟だった時は素晴らしかったのではないでしょうか？どうも出来たてってのは良くありません。
絵で描くとツマらなそうですが実際にもツマらないのです。しかし写真に撮るとガゼン面白く見えると思います。
J. Horiuchi

TEATRO MUS
DALI
1974
昔の劇場を改造した美術館
←西遊記の化物が着そうな変な服が下っている。わが安斉慶子氏なんかがキフしたのかも知れませんね。
スペインの青空が見える
劇場だった時も空が見えていたのかも知れない。
1枚1枚はこんな
トランジスターの配線板でできていました。
★要するに中国産ミイラのパロディ タイム・カプセルみたいに文明の利器がいっしょに積めこまれてるのが細かく見てると面白いのです
ダリ・テアトロ・ミュゼの正面 ルネサンス式劇場の美しい様式です．トナリの教会も明るくて好ましい一偶です。
★もしかすると！この美術館の職員服？が最も傑作かも知れません。ベレにレースのえり、真っ赤な服に白い線が入っていて何かの仮装をしているよう。
サバルテっていう人に似てますね。
★スーヴニールは、今のところ、ダリのデッサン、スタンプの入った封筒のみ
40ペセタ
「フックス」というウィーンの幻想派画家の銅彫作品。何といっても、これが最高にキッチュ

のミュゼを持っているのにならい、フランコ体制内のフィゲラスにダリ・テアトロミュゼオなるものを開館して話題となった。ル・モンド紙他の記事には〝キッチュ（俗悪）でフェリーニ映画のあくどいシーンの極み〟と決して高い評価ではないが、その紹介文句にも惹かれて訪ねてみた。

ダリの住んでいるカダケスの海岸は国境から30分、スペインのコート・ダジュールと言われる名勝地で、南仏よりも物価が安いこと以上にカタロニア特有の人工的でない壮大な景観が素晴らしい。ピレネーの万年雪が望め、海は紺碧で黄肌色の岩山との対比が強烈、秋の千変万化の雲のドラマが加わると全くダリやスペインバロックの絵のような具合になる。これに近いフィゲラスは古い都市で、ここの古い劇場がダリの手によって自身の美術館と変ることになった。

テアトロ・ミュゼオの名はそのためで、ルネサンス式劇場の入口を入ると、客席のあったフロアが内庭になって、天井はなく丸い青空が見える。先ず目に入るのは〝キッチュ〟なる表現が当てられるにふさわしいフックス（ウイーン幻想派画家）の作った異教的な女神像と、30年キャデラックが鎮座している。

　周りを取りまく四層の桟敷廊下が展示ギャラリーである。

　前面の舞台面だったところは広いホールで〝ナルキッソス〟のテーマの大《だい》緞帳《どんちょう》がかかり、天井はダリ得意の宇宙時代式ドームの大伽藍《だいがらん》。縁を〝大法官会議〟の絵のように法王やら天使やらのミイラ化した像が取り巻くという趣好。

　各層のサロンは一部屋ごとに凝った装飾で、納骨堂風、東洋趣味または未来的な立体幻灯室。早くいえば万博的というか、それなら昔の浅草花屋敷のお化け大会の豪華版といったところ。

　巨大な空間的芸術をダリは目ざしたのだろうか。つまりこのミュゼは世界各地に散らばったダリの旧作を戻し集める容器が目的ではなさそうだから、ミュゼ全体を新しい作品として、例えばガウディの前衛的な建築のように評価するとなると、優れた細部があるとしても、かつての彼の傑作群の一枚の小品よりも貧弱である。それは彼の想像力の減退であるよりか、ミュゼの予算の問題かも知れない。

ダリが歩いてる！
流石にいいオジーサン
も少し、可愛い感じかな

ダリに会ったといっても会見したわけでなくて、この街の歩道に張り出したレストランで食事をしていたら、目の前をダリが例のガウンに金のステッキという出立ちで供を連れて通ったのである。若い画学生らしい女性もまじっていた。ダリ髭はピンと立っていたが老年者のものの解った優しさを顔は見せていた。アテネの街を往くソクラテス。フィレンツェでのダヴィンチもこんな風だったろうか、とそれは思わせる情景だった。

このミュゼにはダリの作品のみでなく、一部をアメリカのスーパーリアリズムやスペイン画家の展覧会場にも使っていて、買上作品がミュゼのコレクションに加えられる仕組になっている。つまりダリ的装飾の中に現代美術を展示するという啓蒙的目的もあるらしい。

まだ普通ならあるカタログや絵葉書きが用意されていない。ミュゼは完成品でなく進行形であるわけだ。開場日はフィゲラスあげてのお祭りで奇妙なパレードもあり、ダリも王様のように祭典に参加した。彼はいずれやって来る新しいスペインの復興期のために弟子と大工房を準備したのかも知れない。

フランスの批評家の幻想したような—郵便夫シュヴァルが生涯かけてつく

ったモザイクの奇妙な殿堂—結局それだけの事でしかない偏執狂的産物を、発注工事にしろダリが試みたら、それはガウディどころの比ではないだろう。しかしそれをダリがしなかったのは〝獅子は老いた〟と表現すべきか、画家として賢明であったのかは簡単には決められないだろう。

　私がこのミュゼで感じたものは、ダリの温かなホスピタリテイ（もてなしの気持）であった。スペインの若い芸術家たちが口を揃えて語るダリの人間的温かさが解り、パリとは別の風土時代を知った。

（一九七五年）

＊エルザ・スキャパレリは正しくはイタリア生まれ。（編集部）

フランス

気楽な安酒修行

ワインのある日々

英仏海峡を渡ってフランスに戻るとホッとする。さあ、これでワインを呑むのに何もあらたまることはない国にきたぞ。

地球にはワインがまったく日常的なところと、有難がるところと、それから一切の酒を呑んではいけないところとがある。

アラブの禁酒国で、実はこの国の産物のワインにやっとありつけて喜ぶというのも変な話だし、ブドーが育たない国にワイン狂が多くて、何でもおだて上げているのも退廃的だ。やはりワインが目の前にあって何の不思議もない国でだまって呑むのが健康というもの、フランスは勿論その一番目の国で、ワインが水とい

うよりは空気の方に近い。

年代を問わないテーブルワインの大半をつくっているのは南仏ラングドック地方で、見渡す限りのブドー畑の中に無粋な刑務所みたいな建物があってこれがシャトーだ。内部も廃工場然としていて、いったいどこに酒樽が寝かしてあるのかと思ったら、いま立っている床の下がワインのプールだという。マンホールの蓋をあけてヒシャクで汲んでくれたのを呑むと、これが実にいい味で、例えばアルルとかペルピニャンとか明るい南仏の町の女学校《リセ》がはねて（はねてとは言わないが）、どっと女の子が繰り出してきて、クスクス笑いながら通りすぎていくような味。で、この地下水みたいのが1リットル10F《フラン》だった。

フランスはどんな田舎へいってもすこぶる安い値段で日々の愉しみをワインが保証しているが、更に安心の旅をしたいときは泊るのをルーチエにすればいい。

赤と青を斜めに分けた看板のルーチエは、トラック運ちゃん用のペンションで、2食付きの料金がワインのぶんもコミコミで安くおさえてある全国的組織。所在地のリストもある。必ずしも映画「ヘッドライト」みたいに街道沿いではなくて、町の入口の小広場に面していたりして落ち着け、運ちゃんでなくても利用できるのです。
たいてい空部屋がある。近頃はトラックの運転席が寝られる仕掛けだし、食事はいつでも街道のスナックで済ませられるのでルーチエ利用者は減る一方だという。皆がルーチエ代を惜しむのではなく、時間を惜しんで走り廻っているのだ。こちらはもっぱら鉄道バス歩きを使って（その間、呑めるし）、彼等の代りにルーチエ制度保存につとめることにしよう。

荷物をしょってルーチエに入っていけば、たいてい泊りに来たのに決っているからカウンターのマダムは後ろをふり返って空いてる鍵をとって渡してくれる。料金はキレイに前払いしとく。

階下はバアと食堂と、隅に玉突き台などあって部屋は上だから階段を昇って番号を探す。部屋はシーツも清潔だし、すぐシャワーを使える。ジャン・ギャバンみたいな連中がこういうことはうるさく言うのだろう。パリの二ツ星やどうかすると三ツ星よりいい。

食事どきになって食堂に降りてテーブルにつくと、だまってても女中か少年が赤の大瓶《マグナム》をドーンと目の前に置いていく。それを好きなだけ呑むのだ。

常連が降りてきて部屋中に聞こえる挨拶をしながら見慣れぬ客の品定めをする。よく分らないのでウィンクで済まし、マダムの側へいって色っぽい話で喜ばせている。

食べ物もだまってて次々に出てくる。本日のメニューだから選ぶ手間がはぶけ、たいてい不味くない。頻度の多いのはグリーンサラダにビフテック。〝お前さんはこれかけるんだろ〟と親切でニョクマムソースを持ってきてくれたこともあった。ときに蒸し貽貝《ムール》とか血の腸詰《ブダン》、臓物《トリップ》や水炊《ポトフ》にありつける。フランスの食べ物でいちばん美味しく、材料も安くて簡単な料理だから値段のかけようがなくて、一般のレストランのカルトから消えてしまってるのを食べられるのもペンションならではだ。

ワインはこのあたりの農協のコントロールものだが、蓋もしないで放ってあるだけ美味しくなっている。

デザートのチーズが厚切りすぎて、残しちゃ悪いのでとおなかがパンパンになり、腹ごなしに棚のオー・ド・ヴィを頼む。主人が呑み助だといいのを出してきたり、2杯目がタダになったりする。

よくフランス人たちはアルコールの害について論議している（彼等は学校で肝硬変の掛図などを見せつけられるので）。その時でもワインは呑みつづけている。問題になるのはオー・ド・ヴィのたぐいのことでワインは入ってない。ワインについては安いのはイカンという。呑みすぎるからだ。

　バアには近くのお百姓がトラクターで一杯やりにきている。いつかシャンパーニュの方で、どれだけの麦畑を耕してるのか聞いたら、平気な顔で2千ヘクタールを兄弟で廻っているといった。へーえと感心してみたが見当もつかない。とにかく大農業国なのである。

　食事の終ったテーブルに、呑み残しのあるワインの瓶がおごそかな色で立っている。割れにくい材料の変哲もないコップとでそれは絵になっている。セザンヌやスゴンザックの絵のように堂々と。

（一九八六年）

ボージョレ・ヌーヴォー解禁の日

「ボージョレ・ヌーヴォーを待たずして」とはジャン・ギャバンの死を報じたリベラシオン紙の見出しだった。ワインの新酒《ヌーヴォー》が売り出される前々日のこと、惜しい！　というフランス人の気持があふれている。それほど、今年（'86）も呑める、と確認する11月20日は国民的祝祭なのである。

産地なら新酒祭りで樽から呑める。それができない人間のために蔵出し一番を瓶に詰めるのは、ボージョレ農協の一手引き受けになっている。需要の一番はもちろんパリ。外国では地続きのスイスや西ドイツ、海外はワインクレージーのイギリスが上得意だったが、日本がこれに加わった。歳暮の時期だし、いまに買い

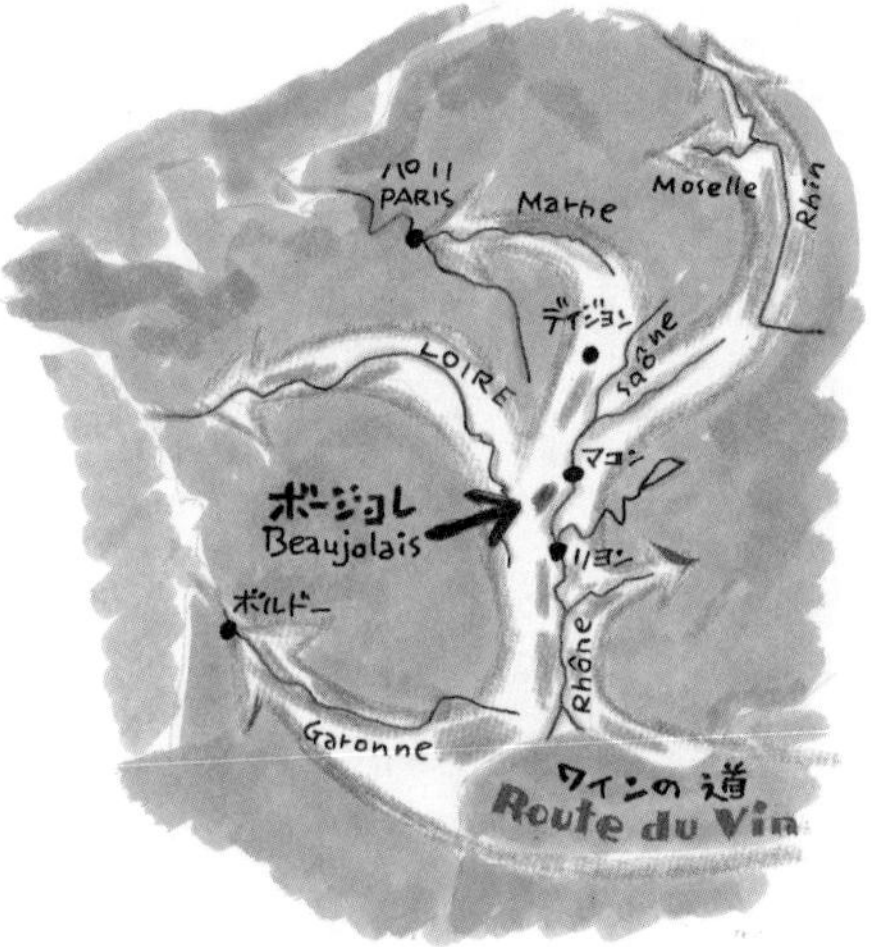

占め騒ぎを起こしかねない。すでに〝宅じゃボージョレ・ヌーヴォーしか頂きません〟なんて人もいる。頂いたら大事にしとかないで年内には呑んで（呑ませて）しまいましょうね、初ものの仕入れには酒屋は神経を使っています。ノエルを過ぎると味も落ちるので、売り残したらコトなのです。

　ボージョレはソーヌ川沿い、ローヌ谷に近い方。だからブルゴーニュワインの仲間だが、量産型のガメ種を使う1年以内の若いうちに呑むタイプが殆ど。

　その新酒はブドーを採って3か月、発酵が終ったサァ呑《や》れるゾ、という、若いも若い、女学校の卒業生みたいなワインで、味がふらつくのを砂糖でととのえていいことになっている特別の時期もの。呑むときも同じ理由で12〜13度に冷やす。

こういうと、めでたさが先で味は二の次みたいだが、どうしてどうして、この日向《ひなた》くさい若さ、軽い甘さ、正直で気のおけない感じがじつにいいのです。

気のおけない味といったってふだん安酒だからヌーヴォーの値段は贅沢だ。天気具合などから今年の出来がいろいろ予測されていて、出来もいいが値もいいなんて噂で迷いながら、結局は買う。しょうがねえだロー、新酒なんだからサァーという感じで。

ちなみに、今年はいい出来で美味いそうである。僕が保証するのではない。酒

屋がそういう。

なぜか輸出用のはつまらないが、ヌーヴォーのラベルは普通手描き文字スミ一色のラフなもので、いかにもさっそくながらという感じでいい。ところが、ワインから造った酢の瓶に似たラベルのがあるんですね。慌て者が

間違えて（値段からいっても違うんだが）持ってきたのを、さっそくグイと一杯やって、慌てた。ラベルは読まなきゃいけない。

昔話で、末っ子ジャンが旅に持たされるのは酸っぱくなったワインと決ってて、ブドー汁が本当に水の代りの時代、人々はジュース、ワイン、酢の順に1年を過ごして不思議はなかった。さぞかし新酒のときは、やたらにノドが渇いたことだろう！

新酒めぐりをしておかねばと思いますね。ボージョレのほかに新酒が当然あるわけで、

これは産地のワイン祭りに出かけ、瓶に詰める前のを頂かないと味わえない。

新酒の唯一の欠点は1年の一時期しか飲めないこと。それだけに新酒祭りには悦楽的な雰囲気がある。

あるテレビで、モーツァルトの生れた町を「有名な毒ワインの産地をひかえ……」と紹介していた。サリエリ・ノイエなんて新酒がありそうで、オーストリアもかわいそうだが、ベートーベンが歩き回ったウィーンの森の村では、軒先にモミの木の枝を束ねて新酒を知らせるのが日本酒の杉ッ葉の玉に似て、これはバッカス神の樹の葉というわけ。その農家では自家製ハムなどツマミに買うと、ワインの方は庭に並べたテーブルで呑み放題だった。

うんと冷やした白のにごり酒《ワイン》をスロバキアで出された。口の中でツイ種を探してしまうほどブドーの香りがあって、これでアルコール度数は結構高いという。こんな、殆どジュースのような味のは昼間っから呑《や》るのが似つかわしく、無辜《むこ》の民の歓びみたいな境地。アルザスでもそうだったが、白ワインに合うツマミはそのころ採れるクルミで、皮がまだ柔らかくて掌《てのひら》で握りつぶせる。

産地で確かめた出来のいいワインを自分のカーヴに仕入れる。となると本格で、

パリなら郊外の団地でも地階に各自のカーヴがある。そして大きい町ならこの時期にワインを主にした食道楽見本市《フォワール・ド・ガストロノミー》が開かれる。フランス中の産地が店を並べるから遠慮なく試飲して回ればいい。

途中で酔ってくる。着払いでいいのでツイ気が大きくなり、ブルゴーニュの店でボーヌの上等のを注文してしまう。結構な瓶をポンポン空けてくれるセールスマンも赤い顔をしている。それで、届いたワインは注文したのと違っていた。呑んでみて

Riquewihr
ALSACE

美味いので文句はいわないというういいお客だ。カーヴは見込みのある瓶を永く置いておく設備なのにもかかわらず、早目に呑んでしまった。くだんのワイン商は毎シーズン忘れずに注文とりの電話をしてくるからエライ。

（一九八六年）

血もブドー酒も流れたパリの石だたみ

ブドー酒は、タダ同然の安酒から値の付けようもない高いのまであって、この差が第一の特色といえる。上限を極めるのは無理な話なので、知っているのは安酒のほうだけど。

フランスの安酒、つまりイタリーやスペイン産でないのは、諸外国の中級の味を保持していて、これで文句は何もないのだが、下には下があって、殆んど運び賃しかかかってないんじゃないかというようなのが隣国から入って来て、それを混合するらしいのか全くの安酒で、本当に水より安い。

キャパや、ブレッソンが参加したマグナムフォトという写真集団の名は、1リ

ットル瓶をマグナムということからとったわけで、キャパが命名したような気がする。ハンガリー出の呑み助は大瓶の安酒とシャンパンを愛した。

この瓶には肩のところに星の印が浮出しに付いていて、空き瓶を持って行くと瓶代を少し引いてくれる。酒屋、スーパーではこの瓶に入ったブドー酒がとても呑み切れないほど山積みになっていて、これはレッテルの文字を吟味する要はなく、コルクなんて面倒なものも付いてなくて、ネジのフタ。10度、11度、12度とアルコール度に従って多少値が違うが100円ぐらいだ。

安酒は安料理に合い、安生活に合う。この安料理も諸外国に比べて悪くないのだから言うことはなくて、何時いかなる場合でも水同様の酒があるという安心感は怖いものを無くさせる。

地球を大別するとブドー酒の安い国と高い国があるわけで、高い国はつまらないことに頭の半分をクヨクヨ使っているような感じで、そこに生きているのがもったいない。

ブドー酒は水が一種の毒であるようなところで生れ、赤ん坊の泣き声が酒を呑ませろ！　という擬音であるような環境で発達した飲物で、母乳の次に必要な水分にすぎないのに、何とデリシャスなことか。

僕は、赤ブドー酒の色にほれぼれする。安酒だろうと。グラスが光を受けて透過した、おごそかな赤。

こうした安酒をヴァン・ド・ターブルという。テーブル・ワインである。セザンヌの絵みたいに、机があればそこに瓶とコップが常にあり、それを描けば芸術が生れる。高ブドー酒のレッテルを写したって、広告になるだけだ。ものは芸術にならなくちゃいけない。当代一流の衣裳を付けた姿よりも裸体、名コックの料理よりはただのジャガイモ、パンのひとかけらの方が美しい。

安ブドー酒の美味しさの前に、高ブドー酒の美味しいことも説明しとく必要があるだろう。高ブドー酒は感心する。何かこう……こっちは黙っていて相手が面白い話を聞かせてくれるようなところがある。で、高ブドー酒を次々に試してみた時もあった。対話の楽しみというか、又はお互い黙っていてもいろいろ通じ合う面白さというか、少々いやらしい位までそれはやれて、栓を抜いた時の出会いから、2、3日

経って酒の方で大分くたびれて来て、何かなげやりな昔語りをするのを聞くような感じまで……。高ブドー酒の日の経ったのは、美人が容色おとろえて来たようなただならない凄味があって打っちゃりたくなる。

そんなあと、安ブドー酒を呑むと少くとも僕は真実に出会った気がするのだ。安酒の味は、外でひとの横顔をただ眺めているようなところがある。別におおいに整った顔立ちというのでない普通の、さまざまな顔、そして自分の顔もそれに含まれる。

酒の種類によって酔いの効果というか状態が違うということを研究した人がいるらしい。もっとも酒呑みは皆この研究にたずさわっているようなものだけど、日本酒とビールは酔いが似ていて騒ぎたくなる。ビールはアルコール度は低いが、チビチビやるわけでないから、廻り工合は日本酒と同じことになる。

ブドー酒はアルコール度はビールと日本酒の中間で、ゴクリでもチビチビでも良く、放っとくと気が抜けるわけでない。いやむしろ、放ったらかして置いた方が味が良くなる。

高級レストランを予約すると、肉で赤を呑むと向うが心得た場合は、2時間前に栓を抜いておく。部屋になじませる《シャンブレ》という奴で、ブドー酒の香りがいちばん良く出る頃に呑める。

安酒も、呑み残しが2日目に違う美味しさになっていて驚くことがある。

フランス人はそういう呑み方をしているから、ビールも大瓶は栓が出来るようになっていて、2日も3日も同じのを呑んでいる。もう泡など立ちはしないのだが、味が始めからそんなに変わらないように出来ている。目茶苦茶に冷すということもしないし。

パリにはドイツのような喧騒で割れんばかりのビアホールは一軒もない。スペインのバアのようにフラストレーションで一杯の連中が暗い部屋でがなり合うこともない。呑むのは別の状態になる手段ではなくて、口が乾けば一杯やり、食べ物をノドに通すために呑むので、コップの先に酩酊の別世界があって、遮二無二突進する酒では、ブドー酒は無い。

少くとも強い酒は、アルコール度に比例して税金が加わるので無闇と高くめったには呑めないせいもある。

ブドー酒はその代り、自分が酔っているのが分らないから依存症になってしま

う。

フランスには酔っ払いが少いのにアル中が多い。何でも自分が中心で、自分以外はみな間違ってると思っている。フランス人には独創的なことを考え付く人間が多い。エンジンでも自動車でも飛行機でもカメラでも映画でも、みんな発明しといて、産業化するのには立ちおくれてしまう。デパートの家庭用品売場がいい例で、ひとつことしか使えない道具の発明品が何と多いことか。ペタンクの玉を腰をかがめずに磁石で釣り上げる機械まであって、こうしたものを考え出す神経は、ブドー酒のせいで、自分が偉いと思っているからだ。ブドー酒で眠くなるのは自分以外に関心が無くなってしまうからだ。

それでいてフランス人が一番怒るのは、〝お前はアル中だ〞と言われた時である。

どうやら子供の時からアルコールの恐ろしさや、アル中はダメ人間だということを聞かされ続けるらしい。マルセル・パニョルの自伝でも、小学校で肝臓の目茶苦茶になった標本を見せられて気持悪くなったことが出てくる。心のどこかで罪悪感と恐怖心が存在するとみえて、ブドー酒の害についても良くしゃべっている。バーでね。

たまにはビールだけにしといた方がいいとか、同量の鉱水を朝に呑んどけばいいとか、アルジェリアのブドー酒が混ってるのがいけないんだとか。

今、バーと言ったけど、日本のバーみたいなのはパリには無い。ロンドンのパブを真似たのはあって、若いスノッブが利用する。若もんというのは妙で、〝ワイン・バー〞というのまで国立図書館の横に出来たのには呆れた。これもロンドン風で、ロンドン風のパブは大人の常連で占められてしまうので若者たちが永く居坐る場所として考えたものだけど、これは今後、世界的に流行りそうな気がす

TELEPHONE
TOILETTE
ゲームをやりながらひとのハンドバッグをさぐっていたりする
床下が倉庫になってるので、時々フタが空いてオジサンがニューッと出てくる。
カバン盗られないようにハサンでいる

る。

フランス人はよく、キャフェやレストランのバーにあるザンと呼ぶカウンターで立ち呑みする。ザンとはジンク（亜鉛）のことで、これで台が張ってあるからだ。そして床にはオガくずがまいてある。茶がらをまいて掃除するのと同じだ。ここで呑むのが一番安く、店の格と関係なく公定値段である。

最も普遍的な一風景。

道路工事かペンキ屋か、フレンチブルーの仕事着を着た2、3人が、「旦那、ご婦人がた」と言って入って来る。おかみが居れば「いつ見てもお若いことで」なんて言う。そして店内の客全員をサッと吟味してから指を一本出すと赤が注がれる。酒は例の大瓶からで、白は水の中にポチャンとつけてある。コップを洗うのもここに一回入れてジャブッと引き上げるだけでキレイになる。

ちょいと小腹が空いたな、と思った時はカウンターの上に置いてある固ゆで卵を取ってザンにカチッとぶつける。その音で主人が小皿と塩を出す。このカチッという音が、そのゆで卵も食えない失業者の身体中にひびくらしい、ジャック・プレヴェールがカチッで始まる詩を書いている。

卵をフランス人は良く食べる。昔はこれで贅沢なものだったから、格言がいくつもあって、1つはけっこう、2つは滋養、3つで十分、4つは多すぎ、5つは死ぬ、なんて言う。

ブドー酒の格言は〝真理は酒の中〟に始ってキリが無く、〝注いだ酒も飲まずに〟というのはもう大変な突発事件のことである。

「いくら？《コンビアン》」と聞くのは呑みほす前で、釣り銭を主人が小皿で出すと、何がしかを残す。礼を言って皿を裏返すと勘定済の証しで、それを見ながらグッとやって引き上げる。

あまり見たことは無いが〝爪のうえのルビーを飲む〟と言ってグラスを親指の上へ傾けて、一滴の残りをなめて引上げるのが礼儀の一種だったらしい。

ブドー酒は呑んだという気のうちに入らないからアニス酒（ういきょうで香り

をつけたアルコール）や安ブランデーを仕事が終った夕方にやる。

　これも大抵はキャフェ兼、食料品万端を扱っているような店に集るので、法律上、強い酒はライセンスが無いので出せないことになっていても、キャフェと言えばウイスキーが、茶《テ》と言えばブランデーが出る仕組みになっている〝特別の《スペシアル》〟と言えばいい。

　下町の下町、ベルヴィルで日本語新聞の『いりふね』を作ってる所のとなりがそれで、トラック運転手でアコーディオンの自慢なのが来て歌になる。

　パリがシャンソンであ

ふれていたのは少くとも20年以上の昔で、朝っぱらから歌っている女に、うるさいと石を投げたりするアパルトマンの情景は絶えて、わずかこの町のある19区か20区に残るだけだ。

もう大変な酔っ払いはこうしたところにも入らない。もったいないからで、手に持っている酒瓶も、ひっくり返った時に割ることのないようにミネラルウォーターのビニール瓶にどこかで買った酒を入れている。

朝市で写真を撮っていたら、八百屋がそうした酔っ払いを指して「あれを撮んなよ、フランスで一番貧しい奴さ、つまりブドー酒だけで生きてるわけさ」と言った。酔っ払いの方も負けていず「手前らだな、安酒を輸入しやがって値を釣り上げてるなあ！」。

フランスの酔っ払いは（どこでも同じだけど）アフォリズムの名手である。公園で日向ぼっこをしている連中に向って「手前ら、今のうちだぞ！　芝生の上にころがっていられるのはな、そのうち手前らの上で芝生が寝らあ！」とくる。

フランス人のケンカは中々手を出すに至らないで皮肉の言い合いである。不良たちが年寄りの酔っ払いに、恐らくすさまじいまでに的確なことをビシッとやら

れてシュンとしているのを何回か目撃した。

　NYやロンドンで酔っ払いが「殺してやらあ！　殺してやらあ」なんて言ってるのとは大違い、フランス語の分らないというのは気楽なものなのかも知れない。

　ムフタール市場の近くなどにブドー酒専門の呑み屋があって、普通、酒倉《カーヴ》なんて名が付くとかえって他より高いのだが、ここは呑んだくれのたまりになってるから良心的なのだろう。まずジークフリートの母親みたいな怪女が鬼のように笑っていたら呑んだくれの巣で、彼女は乞食の女王様なのだ。外が寒いから集っているので、春になれば河っぷちに移る。

写生なんかしていると、彼等が機嫌がいい時は酒をすすめられる。乞食も食事の時はナプキンを拡げ、コースに従って食べ、デザートらしいものまで用意しているのはフランスである。

安酒の唯一の欠点は舌が真っ黒になってしまうことで、ハッと気付くと舌がじゅうたんのように苔で固まっている。指で引っこ抜くとアミの佃煮みたいのがとれる。

恐ろしい。

これじゃあ味も分らなくなってしまうワケだから、心配して調べたらタンニンがタンパクを固めるらしい。ブドー酒を呑む時のコツもあって、僕みたいに舌でニュッと嚙むようにして呑むと舌がフィルターの役目をしてしまうのだ。

白やロゼだとそうひどくないので辛口の白に変えてみたりしたが、安酒というのもやはり美味いのは赤なのである。

フランスに酔っ払いが少いと書いたが居ないことはないので、自分もそれに含まれる。足が乱れて引っくり返ったりしている場合、我国では孤立無援で誰も助けてはくれないが、フランス人は自然と力を貸す。酔っ払いを全く見て見ぬふりをするのでなしに、自分がそうなった場合なんかを考えて見ている目付きが温い、と思う。

全体に余裕があるのだ。

フランス人も酔っ払うので、お互いに酔っ払わないでいて真の友情が生れるわけがない。毎日する必要はないけれど。

思いきり酔っ払った時の啓示的な記憶で人生は綴られている。雪がコチンコチンに固まった夜、モンマルトルの石段をやっとこさ昇りつめたあげく、足をすべらせてまた下まで落っこって、それでも気持良かったことがあって、ドーミエの絵の、パジャマ姿のまま殺された男と同じポーズをしながら地面を見つめ〝血もブドー酒も流れたパリの石だたみ〟という言葉が忽然と思い浮んだ。


（一九八一年）

ananがELLEを変えた――？

「エル」が変った。本質的な性格は不動だが〝安定〟という印象だけが続いていた誌面が新しい戦慄を提起し始めた。そんな復活を見せる雑誌を同じ地球の住民として持てるなんて、僕には喜びしかない。

ピーター・ナップがアートディレクターをつとめ始めたのだった。

アンアンが「エル」の姉妹誌として創刊され、モードを軸としたビジュアル誌として手探ぐりをしていた頃、ピーターは「エル」のチーフカメラマンで活躍していた。ルポ物の得意な彼は東京にもやってきて、アンアンの編集部で〝アートディレクターの机はどこだ？〟と、その時不在だった僕の椅子

に腰をかけてみたりしていた。カメラマンのくせに〝写真がいいんじゃない、AD次第だ〟とこちらの鼻の下をくすぐるようなことを言っていた。そのあと彼は広告やTVの仕事に向って「エル」を離れていたが、再び迎えられたわけだ。

お互いに今回が初対面。

——貴方がADを始めてから誌面が生彩を帯び始めたと東京でも評判です。で、端的に聞きたいけど、雑誌のADとは何をする人間？

――そう…読者に毎号違ったスペクタクルを見せることが出来る人間ということだろう。

――成程、じゃ、今日の「エル」の新しい課題というのは？

――昨日までの「エル」を育てて来たラザレフ夫人はモードの人だった。プレタポルテを扱わなかった時代という意味でね。今はオートクチュールの比重が全く違う、だから報道的な質がかわった。絶えざる身近な報道（ドキュメント）をというの

ディレクタールームのとなりは『エル』のアートスタジオ
内庭に面した明るいサンルーム
たいへんゼイタクに使ってる
芸術写真みたいのが楽しくピンナップされてる。
会社の中は何といっても新聞社だから印刷の人や記着たちなど以外と男ッポイふんい気なのです
ネガを選び
しかし、まあだいたい世界中、こういうトコロは同んなじ感じです
全然シャレてない人もいるワケです
DESSIN PAR SEIICHI HORIUCHI

ピーター・ナップさんの
写真で使用されなかった
唯一の作品が
残念そうに
壁に貼って
ありました
「エル」のアートディレクター
Peter KNAPP
ピーター・ナップさんの部屋
秘書と2人 3方にトビラ そんなに大きくないけど明るい部屋
クロコディール印の
ポロシャツ
と
コットン・パンツ
フイルム
ネガ
秘書のクリスチーヌさん
もと、マヌカンだった
キレイな人
編集中の号の
全頁立て見本
本誌の
4分の1位のサイズ
のワクの中に
使用写真を
貼り込んで
感じを見る 大変だなあ!
XXX 194
195
文字のスペースにも 文字組を
貼り付ける。よく、こういうこともをする
らしくて、「インスタント・レタリング」で
文字の組んだパターンを
売ってる
このエンピツ立て
ちょっと
いいでしょう

が僕の主張するところだ。

―裏表紙の広告を捨てて、次号予告に使ったのは貴方のアイデア？

―ウイ。アンアンが右開きなのに影響されたかな、ああしてから評判がいい。広告は充分入ってくれてるからソレデイイノダ。

―ビジュアル誌の将来は？　つまりＴＶの普及とか、そういうことの関係でだけど。

―今のかたちのものはいずれ消え去るだろう。その前にモード専門とか料理専門とか小出版物に分化されるだろうけど。

　途中で電話が掛かってくる、秘書と親子受話機を同時にとる、写真があがってくる、セレクト、指示を与える。こういう時の彼はいい。小柄なチャールトン・ヘストン。おだやかで丹念で、端的で明快、理屈でなく実際的、納得づけのヒューマンタッチは年の功だなあ、と感じさせる。

―経歴を聞かせてください。

―ドイツ系スイス人、家もスイスにある。43才、現在独身、「エル」を中心にモード写真、63年から70年までＴＶのディン・ダン・ドンというモードシヨーを演出した。今回の「エル」との契約は2年。今は殆んど自分で撮らない、時間がないんだ。

―「エル」編集部での一日の行動は？

―セーヌ河畔のアパートから白のVWで10時に出勤。出来た写真を見て選ぶ、次の撮影指示、カメラマンの決定、テーマの設定、編集者と打合せ、ヒルメシ。社の隣のキャフェでクロックムッシュー（サンドウイッチを焼いたヤツ）かなんかで消えます。1時半にギャラール編集長と打合せ、それから投影室に入ったりアート関係に指示を与えたりで6時半。その後、若いカメラマンやデザイナーが作品を見せに来るのに会って、意見をのべたり、才能探しで8時から11時になることも。土・日は休む。

かくれた才能発掘が編集の仕事の50％だと僕も思う。ちゃんとそのための時間を用意しているのは偉いことだ。彼は新人起用に熱心、計算と冒険の両方が好きなのだ。

アートの部屋で働く若い人達の話では、ピーターがいると物凄く仕事を憶えるという。学校の先生みたいだという。ドイツ系スイス人なら先ず職人気質、親方として分けへだてなく職を伝える精神には完璧なものがあるのだろう。そして芸術家がＡＤのポストにその意義を心得ているならばたとえひとりであっても物理的に制限された創造の仕事を何倍にも拡大することが可能なのだろうと思える。

（一九七五年）

フランス
一流の安料理

クレープはカルヴァドスがあって男のものになる

　クレープとはチリメンのことだが、フランスのお好み焼きをそう呼ぶと知って、全国の縁日でタコ焼きの次に多いのがクレープ屋になった。フランス中のクレープ屋を集めたより多い。女性に人気絶頂のクレープとは、いかなる食べものであるか？

　アサリをボンゴレといい換えてスパゲッティの値段が高級化し、今やステテコ姿のおっさんがフランス料理のシェフになる。しかし、クレープは屋台が似合うのだ。もともと貧しい地方の哀愁の食べものなんだから。

　この涼しすぎる半島は雨まじりの風が吹きすさび、ブドウはおろか、ムギもよ

く実らない。ソバだけは何とか育つので、ソバ粉を煎餅《せんべい》に焼いてパンの代わりにした。大切な小麦粉《ウドンコ》はほんの少しツナギに使う。

　小麦粉を節約した程度じゃやっていけないから出稼ぎに出る。彼らの汽車が着くのがパリの裏口、モンパルナス。昔から駅の周りにクレープを焼く店があり、貧乏学生や女中もそれを腹の足しにし、手を温めた。

〝あっしはブルターニュの漁師で〟とくれば〝右や左の旦那様〟と同じ挨拶だった以前ほどじゃないが、出稼ぎとヴァカンス客に頼る暮らし向きは変わらない。変わったのはクレープ屋とその客で、しょぼくれた常連は姿を消し、代わって若い娘やスノッブ、マヌカンが群らがって何やらファッショナブルな存在になってきた。

　前から、忙しいジャーナリストや心ある外国人はフランスの2時間にわたる昼の儀式に関わりたくなかったが、初めは能率、次に健康上《ダイエット》の理由から食事を手軽に済ます傾向は一般化して、米式スナック、伊式セルフ、アラブ

2022 9 中公文庫　新刊案内

剣神　炎を斬る
神夢想流 林崎甚助2
岩室　忍

書き下ろし

仇討を果たした甚助を待ち受けていたのは、荒ぶる神の怒りであった。神の真意を悟り、廻国修行に身を投じた甚助は、剣豪塚原卜伝を訪ねる旅に出る。

●880円

わたしの良い子
寺地はるな

出奔した妹の子ども・朔と暮らすことになった椿。決して《育てやすく》はない朔を、いつしか他の子どもと比べていることに気づき——。〈解説〉村中直人

●726円

ここに住みたい

堀内誠一

生誕90年

絵本作家でアートディレクターの著者が、フランスから中国まで世界をぶらぶら食べ歩き、描いた旅のスケッチ。新たなエッセイ・コラムも満載し、初文庫化。

●968円

新版 嵐の中の北欧

抵抗か中立か服従か

武田龍夫

北欧2国NATO加盟へ

第二次大戦中、ロシアとヨーロッパの狭間で北欧の小国はいかに生き延びたか。その苦闘の歴史をドラマチックに綴る。〈解説〉岡崎久彦〈新版解説〉大木 毅

●1100円

邱飯店交遊録

私が招いた友人たち

邱永漢

没後10年

最初にもてなした佐藤春夫と檀一雄の思い出から、本田宗一郎との食卓まで。自宅に招いた友人とメニューの記録三十年分を振り返る。レシピ二品と人名索引付。

●990円

アリバイ奪取

笹沢左保ミステリ短篇選

笹沢左保 日下三蔵 編

没後20年

文庫リジナル

アリバイが消えたとき、笑うのは誰だ？本格推理から、サスペンス、そして著者の真骨頂たる宿命小説まで、バラエティに富んだ八篇を収録した初期傑作選。

●990円

海辺の葬列。N.D.de Tronoën
どうもブルターニュというと
明るいイメージが浮んでこない。

中華式一品ものに続いて「仏式」の登場がクレープなのだ。

自然の味、懐かしの味、夏に田舎で味を知ったということもあるが、小麦粉よりソバ粉のほうが値が高くなったのが遠因の一つ。昔はクレープを食べてるなんて恥ずかしくっていえなかったのだ。信じられないが、少し前はスープがそうで、毎晩のスープは貧乏の証拠なので、家じゃ作らないと自慢するのがいた程だ。夢をこわさないでというなかれ、豊かになったからこそ大根メシを食べてみたい気も起こるのだが、ファッシヨン化した店の作るものは贅沢なデザート用のお菓子、つましくも味わい深い本来のクレープではない。

　われわれの食べるソバの粉も外国産が多いくらいだから、ソバを食べるのは日本人に限らない。ヴェニス名物の古式スパッツレ・イン・サルサは立派に生蕎麦である。原産地は中央アジア高地だが、伝播経路からサラセンの麦という。または黒 麦《ブレ・ノアール》という。互いに姿が違うのに一緒にするのは、同じようにして食べたからだ。

　粉をといて煎餅皮に焼き、おかずを包んで食べるのは古来、中国・印度・アフリカ新大陸の各地にあり、別段キャーという必要はない。問題は粉の材

料で、五穀の他にコーンや芋や木の実があり、ブルターニュのクレープはわが生蕎麦の理想的な配合と同じ、ソバ粉8にウドン粉2であるのにキャーといってもらいたい。香りが少ないのが、ちと残念だが。

　これはパン同様の主食だから甘くなく、バターをつける程度でおかずがなくても文句をいわない。あれば何でも包む、小エビでもイワシでも。

　そして、デザートとして焼くのが貴重な小麦粉だけのクレープで、これには蜂蜜・砂糖・卵・バター・お酒などを懐の許す限り入れて楽しむ。

　肝心のことが遅くなったが、隠し味としても使い、食べながら飲む酒がシードル。

カルヴァドス地方の旧港 オンフルール

CREPERIE

ブドウが実らない土地の人間が考えだしたリンゴ酒で、隣のノルマンディーがこの本場。どこの牧場にも畑にもリンゴの樹があり、万有引力で地に落ちた実を使うのが最上とされている。

リンゴ酒をブランデーにしたのがカルヴァドスで、県の名が酒の名になった。映画「凱旋門」で「戦争が済んだら会おう……」と約束したカフェ・フーケで2人が交わすのが、ノルマンディー上陸作戦の場所の地酒だった。

カビ臭さと甘く懐かしい香りの強い酒、漁師が暗い北の海を見つめながら、リンゴの樹で悪戯《いたずら》した少年時代を想い出してグイといくような酒。お菓子《ガレット》にもこれをかけてボッと燃やしたりするが、クレープのあとの甘いデザートにこれがじつに合うのである。バヴァロアにテキーラが合うように……そういえば、まだソバ焼酎との組み合わせを試してみてなかった。

日本人に人気があるハム・チーズ・タマゴのクレープ。甘いだけがクレープではない。「バターだけのクレープを食べるフランス人もたくさんいます」とベルナール氏。本当に好きな人は生地を味わうのだ。日本の蕎麦といっしょだ。

（一九八六年）

R《アール》の月も深まった。海の果物《フリュイ・ド・メール》、大皿といきましょう

小さな貝をアーモンド、ウニを海の栗《クリ》と呼ぶ。ホヤも中身をスプーンですくう感じはアボカドのよう。

まさに海の果物、海草をひいた銀の大皿に盛る。ネモ船長の食卓！

退廃期、ローマ皇帝は珍奇なネプチューンのオブジェたちを、海から離れた内陸にわざわざ運ばせ、人々を驚かせる宴をはったという。

その伝統か、パリは海から150キロ以上離れているのに、魚屋に並ぶ貝の種類は東京よりずっと多彩だ（なにしろカタツムリまである）。そして日本人と逆で、魚の刺身はやらない代わり、貝はたいてい生《ナマ》で食べている。

負けてはいられません。

街角に貝の屋台が出て、キャフェやレストランの注文の皿を盛りつけているのが冬のパリ風物詩。ブルターニュの漁師の格好で1秒に1個以上のスピードで殻ムキをしている職人にいえば、立ち食いでき、ワインもグラスで飲める。貝の値段はかごの正札どおり、彼は貝を売っているのであって、ムキ代はコミ。レストランに入って食べれば当然高い。店でいくらのせてるか正確にわかる。

テーブルに出す皿にはホンダワラをしく、これは食べない。凹凸が殻つき貝のつゆをこぼさずに並べるのに都合いいからで、せっかくそうしてるのに、殻をよく振って水気を切って食べている同胞が

いる。

９月（September）から４月（April）まで、Ｒのつく月にカキ屋が店を出す。

生カキは潮の香を味わうのである。そっと持ち上げ、スプーンで貝柱を切り、殻のふちを唇に近づけ、つゆごと流し込む。

産地でカキを入れたかごを海につけたり、陸《おか》に揚げたりをくり返す。だんだん陸の時間を長くしていくと、カキが覚えて、次につかったとき、ここぞと潮水をいっぱい飲み込む。そいつを出荷したのが学校出の優等生。

だから、ムキ身を洗って水気を切ってなんて料理はしない。一度、カキフライを作って食べさせたら「ソースは美味いがせっかくの貝をなんとむだな」と言った。フランスのカキは潮を含んでくれればいいから身が薄い。フライなら憎らしいほど厚ぼったくてもいいが、そういうのは〝乳《レ》が多い〟といって嫌われている。

日本のまがきと同じクレール種と、平たくカスタネットのように円形のブロン種とがある。ブロンのほうが潮の香りが高く、美味いと思うが、値も高い。以前はブロンが主だったらしく、バルザックが30ダースも食べたというのは小ぶりのブロンのほうだ。

養殖の盛んなのはクレールで、ブルターニュ産は日本の稚貝を輸入したもの、育った海で味も変わるのか軽くてさわやかだが、パリの日本料理店では的矢《まとや》だか広島だかを空輸している。東京のフランス料理店で出すエビアンみたいにぜいたくな話。

そのカキの稚貝を輸入しているフランスの業者は、一方、南仏の原子力発電所の流す温水を使ってウナギの稚魚を育て、日本に輸出してまた儲けている。

海の果物には、女王のカキのほか、ハマグリ、ムール、マテ貝、巻き貝の類、ウニ、ホヤ、カメの手などがある。

　ムールは普通、アサリと同様スープの材料だが、スペイン産は生で安全ということで出る。渋みがフシギ。

　ツブ貝などは辛みをつけてサッとゆで、コルクに刺した虫ピンでとり出して食べる。

　カメの手というのは動・植物いずれか迷う、その名

のとおりの形状で、節の部分を折って中身のチューブのような肉を食べる。おつな味である。
　皮の色からか？　ホヤをヴィオレといい、珍しくパリの魚屋で見たから買おうとしたら「お前はマルセイユか」と主人が喜んで「こいつは新鮮じゃないからよせ」と売ってくれなかった。で、マルセイユに行く。
　旧港の朝市ではその場で兄《アン》ちゃんがナイフでピュッと真っ二つに切ってレモンを絞ってくれる。三陸産より金《かな》っ気が少ない感じでいける。
　旧港からオペラ座に向かうと貝専門店〝ベローヌ〟がある。主人が島を持っていて貝を養殖している。カキは全国の産地のがそろっていて、ブルターニュ産がいい値がついている。ウニにしろ、地中海産はヨード分が強いので、クセのないのを注文する人もいるのだ。店の奥がキビキビしていて懐の心配がいらない食堂。

よくしたもので、地元のカシス産ワイン、シェリーふうの野趣ある白が、ここの海の幸にぴったりの組み合わせだった。

小説などで、米国人がロンドンでローストビーフの味を賞めると、英国人が「いや、お国の貝もなかなかのもので」とこたえる。お互い賞めるものがこれくらいだからでもあり、この場合は料理とはいえないものをあげたことで英国が一本とったことになってるようだが、そいつはどうだろうか？

ニューヨークのセントラルステーション地階のオイスター・バーは、昔から名高く、それはじつに巨大な食堂。勤め帰りやブロードウェーの小屋がはねて終電に乗ろうという人たちがドッと来て、手際よく処理している。生カキと黒パンという組み合わせは腹にもたれない、カキは消化酵素が豊富なのだ。さわやかで、なんというか冷静な感じと華やかな感じがあり、酒の味を引き立て、会話がはずむ。これがベラボーな値段でないかぎり、自然と文明の両方の恩恵が存在していた。

素材そのままのような料理が美味しい店や、その店の多い街、国、惑星というのは、じつはエライ、と思いませんか。

（一九八六年）

馬刺し、牛刺し、クジラ刺し
味蕾の退歩しないうち

前回の生カキ、美味でした。続いて生肉です。生ばっかり、おまえさんイヌイットかよ、と言われそう。

しかし、舌の味蕾《みらい》の数はイヌイットが最高で、次が日本、三、四がなくて五が中国……なんて聞いた。生肉を食う民族のほうが味覚はダンチに敏感らしいのです。もちろん、牛刺し、レバ刺しを食う韓国も上位。われわれは生といっても魚の刺身か鶏わさで、獣肉は一般的じゃないのはせっかくの味蕾の持ちぐされ。

その昔、若い福澤諭吉も加わった幕府使節団は、パリで連日の結構な料理のしつこさに参った。「わずかの野菜までことごとく油漬けにて」と、まるで兵糧攻

めにあったような悲痛な手記を書いている。たまりかねてだれかが魚屋で鯛など買ってきて、ホテル・ルーブルの部屋で刺身にして食べ、一同生き返っている。〝美味、すこぶる新鮮〟19世紀パリの魚が新しいとは意外だが、江戸の河岸《かし》の程度も知れたもので、パリはパリで当時と今が変わっていないわけだ。

　彼らが一歩進めて牛の生肉のたたき、タルタルステーキを試してたらどうだろう？　マグロもトロはしつこいと捨ててた時代だが、血合の味に近い牛肉の食べ方もあると知って、怖いものなしになったに違いない。きだ・みのるも、羽仁五郎《はにごろう》も、タルタル党になって帰国した。フランスじゃみんな生肉を食ってるように言うが、そんなことはないからフランスかぶれしたわけじゃない、生来の能力に目覚めただけだ。

欧米人は変てこなことすべて、トルコ式と片づける。生肉料理は勇猛野蛮なことでは先駆けのフン族の子孫たちがハンガリーで食べていたのが、パプリカの味付けとともにドイツに伝わって一般化したのだろう。

地方料理の吹きだまり、パリではブラッスリー（ビアホール）の特別料理で少々儀式ばる。それも当然で、タルタル用の肉はヘタに調理するのがもったいないような上等肉。

ギャルソンの偉いのが調理台を押してきて、目の前で細かくたたいた牛のモモ肉をスパイスで味付けし、卵の殻に黄身を残したのをチョンとのせて引き下がる。で、あとは自分で卵黄、タマネギ、ピクルス、ケーパーなど適当に混ぜて食べる。好みでパプリカ、コショウ、カラシ、英国ウースターソースを加えたり、「何か忘れていないか？」としょう油を催促するのも勝手だが、肉本来の深く力強い味

モスクワでは店の前で立ち止まれば、すぐ後ろに行列ができる。その国民が、市場に極上のクジラの尾の身がでているのに放ったままなのだから……。

もちろん、買ってきて連日ほっぺたの落ちるような刺身を食べた。馬刺しに球《く》磨《ま》焼酎が合うように、クジラにはウオッカが合うのも発見だった。

（一九八七年）

冷え込む夜の鍋もの《ポトフ》はしゃも鍋につきる

外へ出たとたん、ブルッとくる。

〝お、暑かねえぞ《セ・パ・ショー》〟と巴里《パリ》っ子は負け惜しみを言う。

「……鍋でもつつこうか」

と言いたくなるが、これがない。強いて探せばフォンデューだけど。これは鍋にチーズと白ブドー酒を入れて温め、鉄串に刺したパンに、とろけたチーズをからめ取る。皆で鍋を囲むとなるとこれくらいで、あとはめいめいで食べるスープ料理になる。

スープ料理の代表はポ・ト・フで、〝鍋《ポ》に火《フ》を〟というイミ。牛のスネ肉の小片を、かすかに塩気のある湯で長時間煮る。初めに浮かぶ泡をすくい取り、徐々に沸き立たせてダシをよくとるのがコツ。野菜と香り草を入れる。

これはいちばんカンタンで、美味しいフランス料理だけど、値を高く取れないから普通、レストランにはなく、トラック運転手の泊まるルーチエなどでお目にかかれる。スープを飲むでなく食べると言うのもなるほどと思うが、妙なのは、汁と実が別々の皿で出されることで、これが問題。

スープは〝食べる〟から〝飲む〟へ。

ポ・ト・フの肉汁をブイヨンと呼び（粉を足せばポタージュになる）、ブイヨンをとったあとの肉をブイイと呼ぶ。さしもの硬い肉も嚙《か》めるようになったが、出し殻だからこれだけじゃブイイ！　と言いたくなるような代物。サヴァランが『美味礼賛』を著したころから、人々はブイイを食べてきたことを恥じるようになった。

サヴァランいわく、「ブイイを食う輩《やから》は、旧弊な人間（親がそうなら子も）、待てぬ人間（出されたものから食う）、不心得者（調理の貴さを知らぬ）、大食漢。君子は残りカスは食べぬ」と。

　なら、出し殻《ブイイ》を並べて見せなきゃいい！　魚のポ・ト・フ、ブイヤベースの片方の皿は、窓の外の通行人向け見せびらかしか。知らなきゃマズイのにあきれながら捨てるほうだけ食べちゃうじゃないか！（こちらはシジミ汁の実がもったいないタチだ）

〝食えぬブイイは　良いブイイ〟というわけで、フランス料理には鍋ものがないらしい。飲み、かつ食べる全体験を、グルメという合理主義者が化学的エキス摘出法にしてしまい、スープは厳かに、かつ考え込んでいただくものになったわけ。

　汁も実も悦楽なのが鍋料理。

旧弊で、せっかちで、わからずやで食いしん坊の人間は、調理と食事の同時進行、汁も実も一番美味いタイミングで口にすることを追求した。それも一人じゃあまりにもせわしないから、仲間と鍋を囲む。

　鍋ものは本能的なようでいて、じつはリアリズムではない。湯が沸いたところで具を入れ、煮えるか煮えないかで食べるが、この澄んだ湯がすでにブイヨンであって、ブイイの姿を客は見ず、出たものすべてはきれいに腹に収まって、無しか残らない。

鍋料理は無数にあるが、シンプルなポ・ト・フと比べるイミで材料が肉で、以上の条件を満たす伝統料理は、まず、しゃも（軍鶏）鍋だ。

軍鶏《しゃも》は闘鶏用の鶏で、この競技は有史以来らしい。わが国では平安朝、英国ではヘンリー8世のころが最盛期で、王立闘鶏場があり、庶民も賭け勝負に狂った。活発な鶏の肉が軟らかくて美味いのも知られてきて、徳川時代の初めにシャム（タイ）から闘鶏用に輸入された鶏は、いつしか食用に飼われるようになった（シャムがしゃもになったのかもしれないゾ）。

江戸っ子は〝でえいち威勢がいいや〟ってんで、上野・不忍池之端には、しゃも鍋の店が軒を連ねて繁盛した。

二階の見晴らしがいいのを、維新のとき、上野の山にたてこもった彰義隊を攻めるのに官軍が使い、屋根から大砲を撃った。争いすんで明治になったが、屋根を使われたしゃも鍋屋は「徳川様に足を向けた」と、そろって商売をやめてしまった。

唯一残ったのが、場所が少し離れていた「鳥栄」という。作り話が良くできてるから詮索なしで、マア江戸の味を試してごらん。

寒い、熱い、美味い。

建物を食うわけじゃないが、焼けずにすんだ戦前の東京のたたずまいは味のうち、玄関わきの調理場で亭主が刃のつけてない包丁で肉を細かくたたく、ストトン、ストトンの音をお囃子に梯子段を上って二階の座敷へ。

カンカンに起きている備長炭。五徳の上の油を塗った鉄鍋が温まっている。日本家屋は夏場用にできてるから、座ると背中が寒くて顔が熱い。これで姿勢が決まる。お内儀《かみ》さんが鍋にたれをそそいでミリンを落とす。そのほかには種も仕掛けもない。

すぐ沸くから具を、しゃもはひなのささ身で、もちろんブロイラーじゃない。肥育が遅くて産業的に採算が合わなくなったのを、どこかでちゃんと育てている。いっしょに入れる具は焼き豆腐と長ねぎ。煮えたとこで手もとの鉢の大根おろしにしょう油、山椒を加えたのにつけて食べる。肉はしまりがあって軟らかく、油っこさ、しつっこさがまるでない。たれもそのとおりで、しまいまで（といって具の量は大したことはない）澄んでいる。これを椀に汲み、塩をちょいと足して味わう。全部さらってしまう。

改めて新しいたれを沸かし、今度は最前たたいた肉と卵の練ったのをたらし、つくねにして食べる。

鍋に残った汁は銀シャリにかけ、しょう油をたらしてバシャ、バシャッとかっこむ。お新香でおしまいだ。

江戸庶民の食生活なんて貧しいものだったんだ。しゃも鍋はちょっとしたぜいたくだろうが、近ごろの鍋料理のように、具がやたら満艦飾で、見た目に〝ワァッ〟と驚かすものは何もない。何が主役だったのかわからない濁った余り汁に、飽食の後悔を感じるようなことはない。

むしろ質素でもの足りないくらいだが、それがため、凛《りん》とした気分が残っている。鍋を囲んだ者どうしが「じゃ」と目と目を合わせると、めいめい身支度をして裏手の窓から抜け、屋根づたいに、どこかのお屋敷に忍びに消えていったって、不思議ではない。

（一九八七年）

column

パリの造型、青春の造型

パリに住むと朝から晩までフランス映画を見てる気分。だから「C階段」はパリに住んでる気のする映画といえばわかりが早い。

階段シーンはセットだから舞台ふうだが、ま、ここでジックリ芝居させた

いのだろう。私はとにかくパリが映ってくれるともう気分で、例えば主人公のフォステールが洗濯屋に洗いものを出しにきてると、C階段に子連れで越してきたシャルロット夫人も後からきて昨日のケンカの続きが始まるのがパリだ。

口げんかはあたりはばからず堂々とやるのだから、内容よりも相手をいろんな形容詞で罵倒するのが主で、このボキャブラリーの豊富なことが文化だから、コトの次第は洗濯屋にもチャンとわかるが、聞こえないフリをしている。当人たちもイタリア人みたいに「ま！　なんてことを、皆んな聞いて！」なんて周りを巻き込まないで、順番がくると洗いものを出してケロッと引き上げていく。待ってる時間タイクツしないためにケンカしてたようなものなのだ。

シャルロット夫人はケンカの原因だった万年失業者のブルーノ氏と一緒になることになるが、夫人のちっちゃな娘は引っ越してくるなりフォステールを見て『パパ』と決めて呼んでいた。きっと友達には「こんど、別のパパが家へくるのよ」なんて話してることだろう。こういう末恐ろしいケースの娘がパリには実に多い。

洗濯ものを一つ一つ見ていてもおもしろかった。皆、オシャレである。ちょっと着てみるかなという服をフォステールが着てる。自分が着ちまえば知ったこっちゃないが、大体こういう格好はモンパルナス大通りならクロズリー・ド・リラのバアに集まる、早い話がつきあいたくない人種の制服。しかしモード屋や編集者とも商売柄つきあうこともあって、意外と間が抜けてるフツーの人間が多いのだが、その辺のところをブルゴーニュ生まれのロバン・ルヌッチが、他人に無関心か、さもなきゃ崇拝しかないある時期の男を的確に演じて、単に風俗映画のアイドルでない永遠性、つまり〝青春〟というものを造型している。

服のよさに加えて主人公の育ちに箔をつける、実に魅力的な外交官の父親にクロード・リッシュが一役買っているし、主人公の精神的成長を助ける女たち（クロード君を含め）もみな魅力的だ。何だ、この教養小説ふう映画は〝よき気質《エスプリ・フランセ》〟を育てるパリとフランス賛美の愛国映画か。

しかしシュトロハイムやブニュエル、パゾリーニらを別にすれば、映画は大抵そうしたもので、タケラはルノワール父子が好きなんだからしょうがなくて、僕もそうだ。
　画廊のプレス担当みたいオッカナイ女のウジャウジャいる（カトリーヌ・ルプランス、絶望的なまでのはまり役）今日のパリ砂漠にルノワールの少女の絵。その画面の花が代りに灰になってエルサレムの乾いた風に舞って映画は終る。

（一九八七年）

パリ

メトロゴチック
——グッド・デザインでない魅力

　パリでの最初の目的は地下鉄です。ザジみたいですが、大きな都会には地下鉄はつきものという気がするからです。東京でも将来は複雑なものになるようですが、パリのように二重にも三重にも、クモの巣のように広がり、もつれあっている地下鉄は、それだけでゾクゾクするような魅力を持っているではありませんか。あの匂い、騒音、たくさんの人間、物乞い、不具者、タイルの冷汗、大きなポスター、これが都会というものです。

　ことにパリのそれは〝メトロポリタン〟なる名称を持つ、最も地下鉄らしい地下鉄なんですから。

クモの巣のように見える系統図も、だいたいにおいて南北線と東西線から成っていて、東京の都電が自由に乗りこなせる感覚があれば大丈夫です。

回数券を買い、発音はちゃんとできなくても（シャンゼリゼなど英語ができてもスラスラッとは読めないでしょう）文字の配列の印象で見当をつけて、地下道を右に左にフォームに出ます。フォームの入口にはガンジョウ無類という鉄戸があって、車輛が入ってくるとギーッと閉まり、新しく来た人間が飛び込めないような仕掛け。発車の知らせはポーッと高い角笛の音。車の扉は左右から威勢よくガッチャーンとしまり、その反動で手カギがはね返ってかかる仕掛け。開ける場合こんどは、いちいちカギをはずしてエンヤッと重い扉を両方に開く仕掛け。ですからこれには力がいります。ブドー酒やチーズで体力をつけていないと、こいつだけでへたばってしまうでしょう。

地下鉄の駅というのは、何となく地上の雰囲気を伝えているもので、華やかな中心部では、それなりにウキウキした気分がでてきます。系統や時間によって実にさまざまの人間が入れ替り、おもしろいものです。

乗り替えが簡単には参りません。エレベーターでもっと下におりる場合はいい

として、ポスターの陳列場所のようなところをえんえんと2駅ぶんくらい歩かされます。はるか突き当りのあたりから盲人のひくアコーデオンの流れが聞こえてきたり、たいへん抒情的です。

夜のメトロの圧巻は、エトワール駅。昼間はなんてことはないのに、夜ともなると地からわいたような、ヨタモン・街の女・それのヒモ・何国人かわからないの・ジゴロ・オカマ・スリ・カッパライ（らしき）等々が、ありとあらゆる服装をして集まってきます。アメリカ直輸入のなりをした黒人もいれば、無声映画から抜け出したような、なつかしいのまで、パリはでっかいなーという感じになります。

ロンドンでも通称チューブという大規模な地下鉄がありますし、イースト・エンドをほっつき回りましたが、こんなに楽しくはありませんでした。

ロンドンといえば、ヤブニラミのことをロンパリといいますが、何からきた言葉なのでしょうか？

パリ↓ロンドン間は飛行機に乗ってしまえば1時間ちょっと、海をへだてている関係もあるけれども、言葉がお互いに通じないどころか、習慣もまったく違う。たとえば、女主人にアイサツもしないで帰る訪問者を、フランスではイギリス式の帰り方というし、イギリスではフランス風の客というがごときです。

とにかく一般の連中は、隣の国のことをまったく知らぬし、関心もあまりない。フランス人は三色旗といっしょに、あのフランスの形が好きなのでしょう。ドイツとは要するにアルザス地方みたいなところで、ビールを呑んでシュークルートを食べてるんだと思い、スペインはピレネー地方がずっとつながっているのだときめているようなフシがあります。

それを愛してるのは
そのために時間をムダに使ったからサ

もうパリのこと書くのアキたが仕方ない。半年ぶりに来たらメトロ郊外線が北駅まで延びてた。僕はこの線の南の方に住んでたからドゴール空港から電車一本で行けるわけだ。でもアパートはもう引払ってしまった。

あの部屋は４ＤＫでお湯・暖房付きで７万円、大きなフランス窓から美しいソーの谷が見渡せた。壮大な日没を何度賛嘆したことだろう。女房とよくもう二度とこんな眺めのいいとこ住めないゾと話してた。借りっぱなしにしときゃよかった。東京で家が狭くて借りた仕事場は騒音付きの４ＤＫで同じ家賃、馬鹿みたい。せめて引越したときのことを書いて家賃代にしよう。

引払うとコンシェルジュに伝えたら早速フランス人夫婦が家の中を見にきた。冷蔵庫で硬くなったチーズや醤油の余り、板っ切れまでまだ使えるから置いてってくれと言うには感心した。そして生まれたばかしの赤ん坊を預かってくれと置いてった。サンパチックというか……よく考えるとこれから越してくる者と出る者とはマズ確実に縁がなくなる組合せだと思うけどね。

　団地にヴェトナム難民の人達がいてほしいもの持ってってくれと声かけたらワァワァ騒いで物色にきたが、服を鏡に合せてみて似合ないと止めたり、格好もののブーツなどはすぐ片付いたが、何かこちらがロクなもの持ってなくて悪いみたいになった。ダブルベッドは喜ばれたが運ぶ男手がないとかで僕が運ぶ破目。その人達の住いは食器も足りないような状

態なのにカラーテレビはちゃんとあったりして、日本人の暮しのセンスに似てる。

　客用の殆ど新品のツインベットを新聞に広告したらフランス人が見に来て高いと言って帰ったがすぐ電話してきて、もし売れないで捨てるようなことがあったら知らせてくれと言う。これも実にフランス人らしい正直さ。

　いよいよ引払う時はアパート会社の検査員がきてコンシェルジュ立会いの鍵渡しの儀式がある。検査の前に部屋をピッカピカにしとくんだよ、とコンシェのおばさんがキツく言うから、前日は１日床みがきで腰が痛くなった。引越してきた時よりキレイになったと満足して眺めたが、カッカッと靴音高くやってきた女検査員は欠点を見つけて３か月の敷金を不払いにする使命を帯びてるから情ヨーシャもない恐ろしい顔付きで、壁を指しては「汚した！」、初めからヒビの入ってた流し台に「こわした！」と叫んで、女房の抗弁も蛙に水、敷金は修復に充てるという書類をくれて、文句があれば何日までに訴えろと言って帰った。

　これが済むともう我々は部屋に入れない。コンシェルジュはまだ空いてるとこがあるし日本人はおとなしくて良い住人だから紹介しろと言っていた。

よく利用してた郊外線の車輌が好きだった。丈夫一点張りで色もベージュだけ、何の洒落っ気もないフランスの公共施設の合理的で簡素なスタイルの見本。メトロの内装が木のアールヌーヴォー車輌は昔語りだが、次の時代のも無愛想というエスプリがあった。

それが変って、車体上部が斜めに狭くなり（炭坑みたいなロンドン風）、色ときたらクロームイエローの内装壁に濃紺とエンジの椅子、床が黒。文房具のような小さなものの配色ならいいが空間をこうされては困る。路線図など文字がシャープな細い書体になって老眼には見えない。フランス人は保守的でも何でもない。その押ボタン式自動ドアの新車輌がフォームに入ってきた時には拍手するフランス人がいた。

酔ってても帰巣本能があったからうっかり元の家に行きかねないが、この新車輌だったらその心配もないだろう。

東京で帰るべき家のない場合を想像してみる。似たような気分のパリに居て、旅行好きで放浪性があるかと思ってたが実は農民型人間らしい。農民は家や土地がないと乞食する。遊牧型は泥棒するそうだが……。「それを愛するのは、そのために時間をムダにしたからサ」とサン＝テグジュペリは言ったが、そんな具合にパリに住んだからだ。足が自然に、若い頃に安ホテルを移ってた界隈に向かって、ホテルに風呂がなくって銭湯に行ったっけと思い出してたらサウナにでも入りたくなった。

健康とリラックス御同伴も可と看板が出てたのは「キミ、この辺は危なくて1人歩きできなかったもんだよ」と画家の佐藤敬《さとうけい》氏が言ってたモンパルナス駅横からゲーテ通りに入ったとこ。この通りは劇場が3つあって、ボビノ座はグランブールヴァールのオランピアに負けない小屋だ。ジョセフィン・ベーカーは公演中に倒れ、ブラッサンスのお別れ興行はフランス語分らないのに何度も通った。芝居が当ると役者が来る高い魚料理店があるが今はポルノ映画館のミルコロンは、パリで1、2を争う安食堂だった。米軍放出物資とボディビル・クラブ、SEX SHOPとかなりわびしいパリの浅草六区。

大ホテルのプールに付いてるのは別としてパリのサウナは悪所めいてる。フランス人はカトリック道徳がしみ込んだマジな連中で、裸になるトコというだけで

悪魔的なミダラなものと思う。そう思うのがミダラなのだが、一時はタイ・サウナが沢山できてエマニュエル式の広告をしたから無理もない、気付いたら今は一軒もない。その方面の顔役に聞くと売春であげられて消えたという。やはりミダラだったのだ。

ここの入口も連れ込みふうで通りすぎると見せてサッと入れば客の姿は外から見えない。僕も何か悪いことをしてるよう。でも悪いトコに来たんじゃないかという感じは受付の老婆を見るとそうで、一見、娼婦のなれの果て、気味悪いほど肌が白く乾いて人を食べたような紅をさしてる。領収書くれと言ったら飛び上って警察かといぶかった。遂にくれないのでメモしたのを見ると、安かない。

サウナ代—70フラン

バス代—14フラン

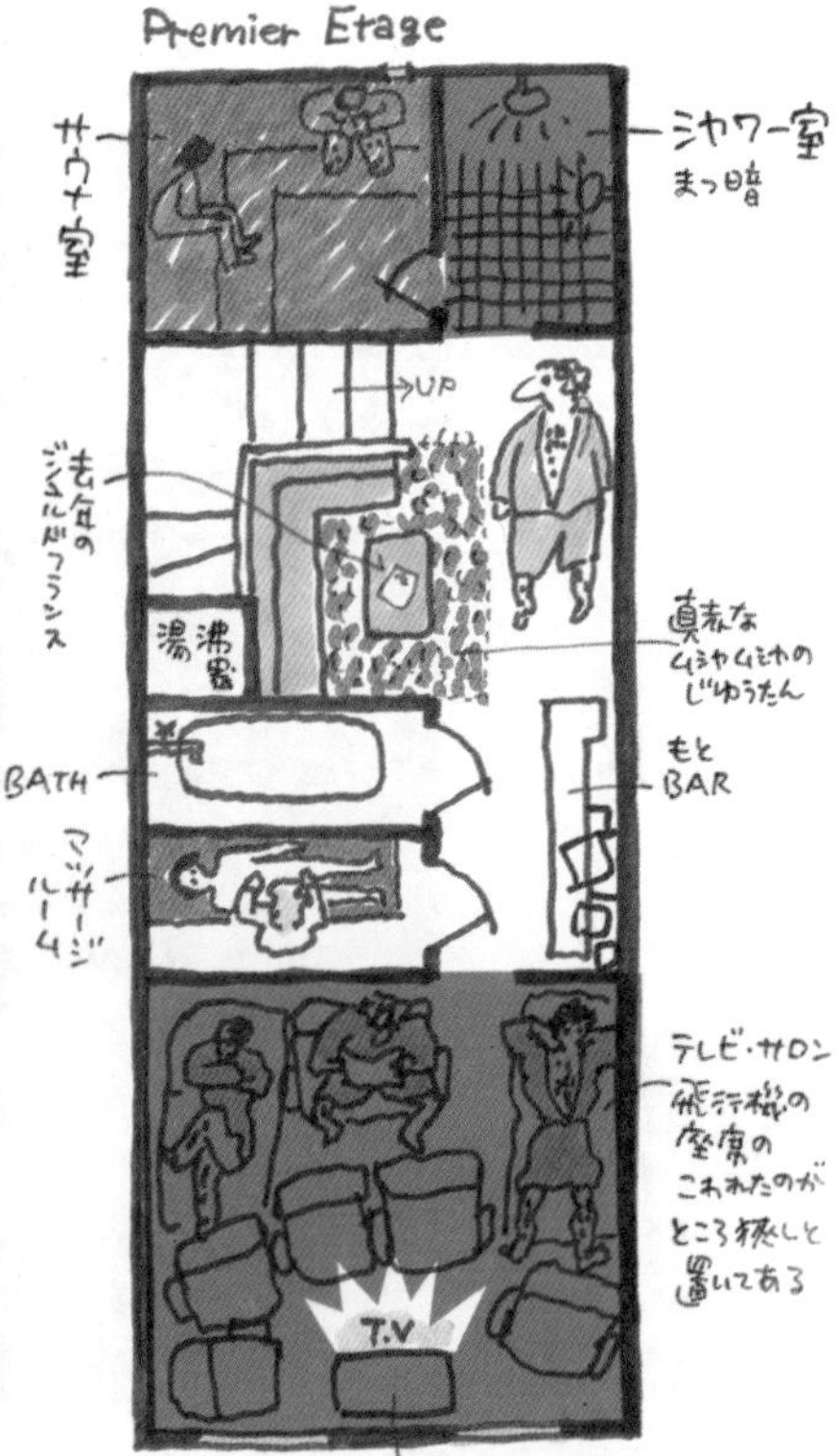

pour couples
SAUNA de PARIS GAITÉ
47 rue de la Gaité
Tel 320.24.32
ロッカーの鍵はゲンジューである
お客の鍵とばあさんの鍵と
両方使わないと開かない
まっ暗
ロッカー
トイレ
UP
SALOON
ドライヤーがくさりでテーブルにくっつけてある
洗面台
マッサージの女の子
ゆで玉子
ペリエ水
コカコーラ
地下のリラックス ルーム
扉がついてない
まっ暗
40 F.
部屋一面にクッション
受付のばあさん
Entrée
Rue

マッサージ代—100フラン
コーラ／ペリエ—6フラン
ゆで玉子—2フラン

玉子は食べなかったがカウンターにあった値段、こんなのがあるのがいかにもパリで、泣ける。

金を払うと、サロンで写真劇画を見てた女の子がロッカーの鍵とバスローブ、小さな乾いてないタオルをくれて「用のとき呼んでちょうだいネ」と言った。この子がマッサージだな。ちっぽけで村娘みたいな子。奥のロッカー室は番号読めない暗さで足の指の匂いがする。パリでズボン買わないのもこのせいで試着室は死にそう、寝台車の下段もいけません、人の脱いだ靴の臭いで寝られない。床の絨毯もネチャネチャしてるが、もう覚悟する。2階サウナ室は一応フィンランド式で3段の木の床。現像室みたいな灯りきりで先客のいたのが分らない暗さだがそいつは本を読んでた。暗いのは女もくるからだし、とにかく道徳的に暗くしてある。

先客はロダンの考える人みたいに労働者的に肉のついた身体で若い腰がしまっ

て美しいほうだ。労働で発達した筋肉は19世紀の雰囲気がある。ロダンのモデル達がそうだったからか、所在なくしてる肉が男のユーウツを語る。年とると腹が出るより肩や背が盛上ってポパイに出てくる原始人間みたいになる。夏ヴァンセンヌで連中が裸になってると白ゴリラの森にきたようだ。

あまり暑くないので長居してると2人入ってきて、先のは動物園的に毛ムクジャラ、次はデブの中年で人をジロジロ見て何かブツブツ言って出てった。何しに来たんだか……相手でも探しに来たんたろう。

出て、シャワーを浴びる。ここも暗

くて床は水たまり、そのままバスローブを着るのは性に合わない、呼んだら女の子は白衣をひっかけてきた。ますます乳しぼりの村娘。マッサージ室は狭い個室で、脱いでというので素っ裸になってふせる。マッサージといってもひんやりした乳液をベッタリつけてグニャグニャ手でこすり廻すだけ。身体がパンの材料になった気になる。乾いてきて手のスベリが悪くなると終りでこれを両面やる。上向きになると小さなタオルで殆どペニスだけ包んだ。背中ん時は全くつまらなかったが、胸とかおなかとかコウガンの近所をそんな柔い手でなぜ廻されたことはあまりないから成程ネといい気持。フランス語しゃべんないのと盛んに聞くから、ペニスが持ち上ってきたのを散らすためにしゃべる。気立てが田舎っぽいと思ってたらやっぱりとカルディ（ベルギーの方）から稼ぎに来てる子だった、収入は月に4500から700フラン、18万円か、楽じゃないね。毎日くる客もいる、近くにボウリング場があるから、ボウリングって汗かくのかな（相手を探す場所らしい）、女の人もくるの？　夫婦といって下の個室でリラックスしてくわ（あとで降りてみたらクッション敷きつめた暗室があった。よくあんなとこでリラックスするな）、貴女もリラックスしてくれんの？　ウフフン、リラックスは幾ら？　40フラン。え！

安すぎ……何だ部屋代か、いま外、雨降ってます？　１日中部屋にいるから外の様子分んないのよ、入口でガン張ってる鬼婆ァの顔思い出してこの子が哀れになった。

終った。このまま服着るのも何なのでシャワーで流して奥のテレビ室をのぞいたら映画館みたいに椅子びっしりで男がホモセクシャル雑誌の「ル・ゲ・ピエ」を読んでる（ＧＡＹにひっかけて陽気とか落し穴の意がある）。椅子は古い飛行機の座席だった。どこからか拾ってきたんたろう。グルーミングの場所もなくてドライヤーはカウンターにくさりでつないであって頭までとどかない。仕様がなくて外へ出たらまだ空が明るかった。フランスの男も哀れだな、こんな話、ブルータス読者が読んでくれるのかな。

さっきその道の顔と書いたのはモンマルトルでライブショーやＳＥＸ　ＳＨＯＰをやってる男、小屋の奥から出てきさえしなけりゃ銀行員にも見える。「悪い奴もいるからね」と日本人が遊び場でボラれたりする悲劇に同情している。全然保証する気はないが遊び場のミシュラン・ガイドというべきギイド・レゾーは克明な調査と読者の報告から成立していて信用できる極秘情報だという。ビニール

ザイール人のディスコバー

ザイールはベルギー領コンゴから独立した国
ベルギー仕込みだから、フランス人よりもビールの
味にうるさい。そして色彩の魔術師だ。
壁紙はって赤紫のミラボルを廻してるだけなのに全く夢幻的空間。

★日本人が踊ってるとヤマトミーと
声がかかる「大和民」なのだ！

でパックされ内容のどんな部分でもコピーしたら起訴すると書いてあり、最初からおどされているようでヤバイからカンジンの部分ははぶき目次内容を、これなら、かまわないでしょう。宣伝になるんだしね。お手軽に相手を見つけることができる場所のリスト、市や縁日、公園、ボウリング場、博物館、ホテルロビー、BAR、テラスに分けてある。

次にセクシーでコミックなレストラン、ディナーショー、ナイトクラブ、ストリップ、エロチック・テアトル、ライブショーの穴場。

いろいろな疑問に答えるページで、

・東洋の女性がマッサージするところがあるか？
・ヴァンセンヌの森ではどの辺でカップル交換をしてるか？
・エスコートサービスを得るには？
・コールガールの時価は？

☆男性のための男性情報
☆女性のための女性情報
☆変装情報（女装の男、男装の女、変装愛好者同士の情報）

外国の「女の城」まで住所が載っていて、情報はエリート達のものだが出版後、閉鎖されたり傾向が変ったものがあるかもしれないが、刻々変化する現代に於いてはその点お許しをと断っている。仏・英・独・日語版だか日本語はしまいにこの本の説明があるだけで120フランした。それでもキオスクで売ってる普通のパリガイドのしまいに数ページあるだけのインチキ本よりはマシ。

先に延べたタイ・サウナつまり東洋の女性がマッサージする売春宿は姿を消した。女はどこへ行ったのか聞くと、またハレムに帰ったらしい、どうやらアラブのどこかに女をプールしとく場所があるらしいんですね。女は東洋から仕入れてきてハレムで仕込む。輸出して取締りが厳しくなれば引取るという組織。

ノドが渇いたのでアカデミー・ド・ラ・ビエールへ行って、ギネスとピルゼンを割ったのを呑んで、アルデンヌ地方の生ハムをブリアントな夕方のために食べた。

天井浅敷の人々〟なんかに出てくる蒸し風呂は こんな場所じゃないかと思うんだけど、やってない。
トリニテの広場に近いシャントレーヌ通り40番地
（アパートになってる）

福沢諭吉も混った江戸幕府の代表団がパリのホテル・ルーブルに泊ってフランス料理を食べて驚いた。報告書があって、けだものの肉ばかりで、たまに魚が出てもバタ臭くて食えぬ、殆ど野菜はなく、あってもことごとく油びたしでどうにもならぬと書いてある、遂にたまりかねて町人の商う魚を求めてきてホテルで刺身にして食べ、これが中々の美味という。19世紀のパリは今より新鮮な魚を売っていたらしい。禁断状態の末だったから美味かったのかもしれないか、アンリ王朝の調度の部屋で武士たちがタスキをかけてシャンパンを冷酒代りに肴をつついてる図はいい。日本人てのはいつまでたっても同じだ。

　この報告には他に、マルセイユからの汽車の中でオレンジの皮を窓から捨てたら隣の席に飛び込んで決闘寸前になったとか、ディナーの時に給仕が人のうしろから皿を突き出したのを卑怯なりと斬り捨てるところを貴人同席のゆえ思いとどまったとある。もし斬ってたら斬られたギャルソンは、何で死ぬのかサッパリ分らなかったろう。日本では料理は必ず前から薦める。もっとも斬って捨てたいようなギャルソンは観光客相手のしつけの悪い店にいて、そいつは皿を前からボンと置くね。

この報告書をつくった侍はただ武骨なんじゃなくて江戸の粋なユーモアの持ち主だったと思う。マルセイユの町でハナをかんで捨てた和紙を人々が大切そうに持ち帰る図をスケッチしている。

今回の旅は自分の台所がないから外で食べ続けてて、うっかり上等のところに入ろうものなら味つけが重いのがこたえた。年で食が細くなったこともあって安食堂の方がいい。実際、フォアグラは別として、安食事の方がフランスは美味しいものがあって、ポトフとかムール貝をフライパンでただ焼いただけの方がいいが、あんまり安い材料なのでレストランでは、殆ど影をひそめた。血のソーセージ、ブダンなんかも中々出すことがない。家庭でもスープを作らなくなったそうで、スープは貧乏のシンボルだったからってんだから呆れる。

パリでいま一番安い店は5フランくらいの皿があるのが一軒あって、玉子半分とか、店主は安く食わせるメニューに情熱をかけているので少々ストイック、ちょっと笑ったらドナられた。

次に安いのはシャルチェで、ここはギャルソンが陽気で、下々の人達に親切だ。

ポリ・パックに自分の
サラダを持ってきて食べて
る人もいる。残りものも入れてく
こうした安食堂では
メニューも見て自分で
紙ナプキンに計算し
なければなりません

ロチ（ロースト肉）は不味くない。次は同じ経営者のドゥルオだろう。ブドー酒はタダみたいで度が強いので酔う。あとはキャフェやブラッスリー（ビアホール）のバーでの立ち食い飯。

パリでは高くて不味かった日本料理店がその逆の印象になってきたのも愉しい。沢山できて競争になるからか、考え方が少し違ってきたのだろう。カツ丼17フランとか、カツカレーとスープ、サラダで20フランというのは世界的に安くて不味

くないからフランス人客も多い。同時に中華も中華丼のような一品ものを出す店がカルチェ・ラタンに多くなって、フランス料理の儀式めいたコースに従わなくなったのも民族意識の高揚である。ブルス（証券取引所）に近い東側地区は元のレ・アールに近く味のある店が多いとこだが、ここの中華でパンク調の（とは古いか？）先端スノブの中国人が威勢よく騒いでいて鉄火肌の姐さんも美しい。味もよくて逆にここではラングドック地方料理のカスレーとかを取り入れて中仏料理《フランコ・シノア》の鍋物を出している。今パリで流行りまくってるものは何かと聞けばハンバーガーサンドのチェーン店に人が行くということで、何秒で出すとかいう規

定にはみな落第で本社では店主クビと怒っていても売上げは伸びる一方、何かこう世界的にムリをする必要がどんどん無くなっていく傾向にあるようだ。

東京に帰ってみたら松屋の食品売場の隅でカツ丼弁当味噌汁付きを広げて食べてる外国婦人の一団がいた。

（一九八二年）

セーヌの恋人

川の幅というのは、その都会の雰囲気をつくりだす要素ではないか？　ロンドンのテムズは向こう側がかすんで見える。京都の宇治川は向こう側の話し声が聞こえそうな感じ。セーヌはそのどちらでもない川幅で、パリにふさわしい。またはパリがセーヌにふさわしい。

ミラボー橋あたりでは東京の大川ぐらいの幅になるが、サン＝ルイとシテの川中島をはさんだあたりはせまく、向こう側の恋人の表情がわかるぐらい、恋人たちの方から見れば、別に見られてもはずかしくないぐらいの距離だろう。

流れの速さもいい。ローマのテベレとなると少々速すぎる感じがするが、セーヌはゆるやかなシャンソンだ。

大川端に育った僕は、こんな川を見てると旅行してる楽しさで、胸がいっぱいになってくる。ついでに川幅のいい都会のベスト3は、パリのほかには、ザルツブルク、フィレンツェ、セヴィリア。

（一九八六年）

パリ、子どもたちの歓声

リュクサンブールの公園は泉水を中心にした学生の溜り場と、オランジュリーに近い年寄りがペタンクなどをしているところと、子どもの遊び場とおのずとそれぞれの領分があるらしい。

毎朝ここへ、ずいぶん遠くから小馬やロバを連れてくる商売の人がいる。あの車で大混雑のコンコルド広場を動物たちの行列がポクポク渡っているのを見た。公園で子どもを乗せて稼ぐ時間よりも、往き帰りの方がよっぽどヒマがかかっている。

金網で囲ってある中にシーソーや砂場、回転木馬がある。それを廻しているオ

バサンが手に鉄の輪をいくつも持って立っていて、木馬に乗った子が棒で輪をひっかけて取る。中世の騎士がしてたような遊びで、ウチの娘《こ》は棒でオバサンを突き刺しゃしないかと心配で1つも取れなかった。

遊び場の隣で人形劇場の開演ベルが鳴る。テアトル・ド・リュクサンブールと立派な名のついた小屋で、ギニョールという指人形芝居を学校が休みの水・土・日曜の2・4・6時に演る。

ギニョールとは主役または狂言廻しの人形の名前で、炭屋の黒い帽子をかぶった威勢がいい機転のきく若者。17世紀末にリヨンのローラン・ムルゲなる破産した商人が始めたというから伝統は永い。小屋は大人も同料金で入れるが子どもは大人と並んで坐らない、いっせいにかぶりつきに突進して前の席を彼等で占領してしまう。

そのときの演し物は「ピノキオの冒険」で、主役の人形は鼻がのびたりちぢんだり、しょげると先がグニャンとたれ下がる工夫がしてある。ピノキオは数々の冒険の末、ＡＢＣ《アーベーセー》を間違えずに全部言えると、妖精《マダム・ド・フエ》がご褒美にほんとの人間の男の子にしてくれるのだった。

舞台のピノキオがＡＢＣを言い始めるとギニョールがヒョイと顔を出して〝教えちゃ魔法がだめになるんだョ〟と観客の子どもたちに告げる。それまで人形たちと掛け合いで、〝やれえ！〟〝殺しちゃえ！〟と騒いでいた子どもたちがこれでシーンとなる。

ＡＢＣの仕舞いの方の〝Ｙ《イグレック》〟は一番ムズかしいとこなので無事に言い終えたときは拍手大喝采、客席は総立ちになった。あんなにうれしそうな顔の集団は見たことない。

ところが、ご褒美の妖精の杖がピノキオにふれた途端、パッと光と煙が立って、木の人形が何とツルツル顔の天使みたいなビニール製になったのには驚くよりもガックリ。子どもたちも半数が同じ気持ちらしく、一瞬照れたのをかくすみたいにうしろを振り返って、キャハハ……と笑っている子がいた。

一席終ると窓があいて明るくなった場内を、それまで人形を操っていた人がワタアメを山と持って売りに廻る。

考えてみるとピノキオの物語を人形劇にするのはどこかムジュンがある。彼は恐ろしい人形芝居に売られたり、そこから逃げたりするんですからね。

人形劇場はザルツブルクの歌劇《オペラ》をするのとか各地にあるけれど、多少筋立てがおかしくたって舞台と客席が一体となって、掛け合いにパンチの効いているのは何といってもパリのギニョール。退屈したらブーブーいって小屋をぶっこわしかねない客たちだから。

パリのどこかでかかっているサーカスはテントの脇に猛獣の檻やおとなしい動物を放して見せていて、風物詩となる。動物と遊んでいた子がテントからもれてくる突然の歓声に、すき間から中をのぞこうとかけつける。これも飛び入りがあ

って、ピエロがポールの先にオモチャや飴がぶら下がっているのをかつぎ出してきて、それに子どもたちが昇って取る競争がある。ガムシャラに飛びつく熱血型の子、ひとの失敗を冷静に観察してから着実にとりかかるメガネの子、ピエロがおしりを持ち上げてくれたのも気付かずに自分の手柄と威張ってるチビっ子と、それぞれ国民の各タイプを見せている。

とはいえ子どもたちの歓声はどこでも同じ、古代アテネの広場だろうとそれは自分の知った声だと山本《やまもと》夏彦《なつひこ》氏がエッセーに書かれたことは本当に思える。昔もこれからも、パリだろうとカトマンズの水汲み場でだろうと。

（一九八六年）

初出一覧　＊…初収録

「BRUTUS」（マガジンハウス）より
　食はシチリア、味は天下の美少年／1982年54号
　豪奢にして、人間的な、イタリアの都市デザイン／1983年64号
＊芸術をつくろうとしないコト／1983年64号
　周囲5マイル半のローストビーフ／1983年60号
　中国訪見／1981年22号
　血もブドー酒も流れたパリの石だたみ／1981年18号
　それを愛してるのはそのために時間をムダに使ったからサ／1982年48号

「月刊ウィークス」（NHK出版）より
　ボージョレ・ヌーヴォー解禁の日／1986年11月
　クレープはカルヴァドスがあって男のものになる／1986年10月
　Rの月も深まった。海の果物、大皿といきましょう／1986年12月
＊馬刺し、牛刺し、クジラ刺し　味蕾の退歩しないうち／1987年1月
＊冷え込む夜の鍋ものはしゃも鍋につきる／1987年2月

「ザ・インタビュー・ジャーナル」（平凡出版）より
＊ダリ美術館テアトロ・ミュゼオを見る／1975年5月号
＊ananがELLEを変えた——？／1975年1月号

「Winds」日本航空文化事業センター
　パリ、子どもたちの歓声／1986年6月

「母の友」福音館書店
　メキシコのおもちゃをたずねて／1984年374号

「ワインとコニャック」鎌倉書房
　ワインのある日々／1986年11月

「CINE　VIVANT」シネセゾン
＊パリの造型、青春の造型／1987年3月号

「世界の旅」修道社
　メトロゴチック――グッド・デザインでない魅力／1961年11月号

「セーヌの恋人」初出未詳

　下記頁のイラスト・写真も新たに収録しました。

　p.20-21、p.24、p.26-27、p.81、p.101、p.104、p.107、p.113、p.126、p.128、p.131、p.134、p.153、p.154、p.183、p.202-203、p.210、p.213

編集付記

一、本書は『堀内誠一のここに住みたい』（マガジンハウス、1992年11月刊）を底本とし、改題・再編集したものです。
一、本文中で言及された施設、飲食店等の情報は執筆当時のものです。
一、本文中には今日の人権意識に照らして不適切と思われる表現がありますが、作品の時代背景および著者が故人であることを考慮し、原文のままとしました。

中公文庫

ここに住《す》みたい

2022年9月25日　初版発行

著　者　堀《ほり》内《うち》誠《せい》一《いち》

発行者　安部順一

発行所　中央公論新社
〒100-8152　東京都千代田区大手町1-7-1
電話　販売 03-5299-1730　編集 03-5299-1890
URL https://www.chuko.co.jp/

DTP　嵐下英治
印　刷　三晃印刷
製　本　小泉製本

Published by CHUOKORON-SHINSHA, INC.
Printed in Japan　ISBN978-4-12-207263-3 C1195